땡큐레터

땡큐레터

초판 1쇄 인쇄 2016년 5월 30일
초판 1쇄 발행 2016년 6월 03일

지은이 신유경
펴낸이 백유미

Publishing Dept.
CP 조영석 I Chief editor 박혜연 I Editor 이하정 한선화 I Designer 이정화
Marketing 이원모 I Online Marketing 김주영

Education Dept.
Chief Creator 박은정 I Manager 이은영

Management Dept.
Manager 임미현 윤민정

Staff
출력 카이로스 I **인쇄** 도담프린팅

펴낸곳 라온북
주소 서울 서초구 사임당로 64 6층
등록 2009년 12월 1일 제 385-2009-000044호
전화 070-7600-8230 I **팩스** 070-4754-2473
이메일 raonbook@raonbook.co.kr I **홈페이지** www.raonbook.co.kr

값 13,800원
ISBN 979-11-5532-234-5 03320

라온북은 독자 여러분의 다양한 아이디어와 원고 투고를 설레는 마음으로 기다리고 있습니다. 머뭇거리지 말고 두드리세요.

보내실 곳 raonbook@raonbook.co.kr

감사를 삶의 에너지로 바꾸는 강력한 방법

땡큐레터

라온북

머리글

2014년 겨울, 나는 우리 아이에게 내가 누린 것의 반도 못해줄 것 같다는 불안감, 당장 돈이 없다는 절망감, 아무리 열심히 살아도 현실은 변하지 않을 거라는 암담함에 무기력하고 우울한 나날을 보내고 있었다. '사형날짜를 기다리는 사형수의 기분이 이럴 거야.'라는 생각마저 들었다.

그런 상태로 계속 있었다면 어쩌면 극단적인 상황에 치달았을지 모르겠다. 그러던 어느 날 예전에 무심히 읽고 책장에 꽂아두었던 〈365 Thank You〉라는 책을 다시 읽게 되었다. '그래, 이거다!' 책을 읽는 내내 지금 당장 실행할 수 있는 걸 발견했다는 기쁨이 차올랐다. 나는 그 자리에서 365통의 감사편지를 써보자고 결심했다. 더는 현실을 탓하고 원망하며 소중한 하루하루를 허비하지 않겠다, 소중한 내 아이에게 더 나은 세상을 보여주고 싶다, 더 나은 삶을 살아야 한다는 절박함이 있었기에 가능한 일이었다. 당시에는 그것이 내가 실천할 수 있는 유일한 것처럼 보였다. 감사편지를 쓰면 내 인생이 기적처럼 변할 것이라고, 아니 변화시켜야만 한다고 굳게 믿었다. 종교적인 신념처럼 나는 그렇게 감사편지를 한 통 한 통 써내려 갔다.

내 상황과 주변, 심지어 가족까지 탓하며 힘들어했던 시기였는데, 감사편지를 쓸 사람들의 목록을 만들어보니 금방 40여 명이 된 것을 알고 너무나 놀랐다. 그전에는 내 주변에 이렇게 나를 아끼고, 내가 마땅히 감사해야 할 사람이 많은 줄 몰랐었다. 무엇보다 감사편지를 쓰기 시작하면서부터 내가 고마워 해야 할 많은 사람이 떠오르기 시작했다. 그래서 '이런 식으로 하면 365통을 내가 진짜 쓸 수도 있겠구나.' 하는 생각이 들었다.

솔직히 내가 해낼 수 있을지 없을지에 대한 의문은 중요한 것이 아니었다. 당시에는 그저 뭐라도 해서 나 자신을 바꿔야겠다는 간절함뿐이었다. 그 책의 저자처럼 365통의 감사편지를 다 쓰고 나면 나에게도 기적처럼 엄청난 변화가 생기길 간절히 바랐다. 편지를 쓰는데 얼마가 걸릴지, 또 다 쓴다고 해서 어떤 식으로 내 삶이 바뀔지 전혀 예상할 수는 없었지만, 그저 지금보다는 나아져 있기를 바라는 마음뿐이었다. 뭐라도 행동으로 옮기면 분명 지금보단 나아져 있을 거라는 확신은 있었다. 후회는 충분히 했으니, 더는 행동하지 않았음을 후회하고 싶지 않았다.

1년여가 지난 지금 내게는 너무나 많은 변화가 생겼다. 책을 쓰는 저자가 될 수 있다고 상상조차 못했던 내가 감사편지를 전파하겠다는 소명을 찾아 이렇게 책을 출간하게 되었고, 진정으로 원하는 일을 찾아 사업까지 추진하게 되었다. 절망에 빠진 평범한 주부였던 내가 감사편지를 통해 이렇게 변했다면, 당신도 충분히 도전할 만한 가치가 있지 않을까 확신한다.

무엇보다 큰 수확 중 하나는 자신감과 실행력이 생겼다는 것이다. 그냥 생각만 하는 것이 아니라, 매일 '뭐라도 하나씩은' 하고 있는 사람이라는 자신감이 날 더 성장시켰다. 꾸준함이 쌓여 임계점을 돌파하는 순간 내가 원하는 것들이 현실이 되어 나타날 것을 알기에 매일 내 꿈을 향해 무언가를 하고 있는 나 자신이 너무나 대견하다. 그리고 실제로 점점 이뤄지고 있기 때문이다.

평범한 주부가 어떻게 감사편지 하나로 1년여 만에 소명을 찾고, 사업까지 하게 되었는지 궁금하다면 이제 책장을 넘겨 나의 이야기

를 읽어주길 바란다. 그리고 마지막 책장을 덮을 때 '정말로 감사편
지만 꾸준히 써도 이것들이 가능하구나, 나도 할 수 있겠다.'며 바로
편지지를 사러 가게 된다면 더할 나위 없이 기쁘고 감사하겠다.

　이 책을 펼쳐 긴 서문을 읽어주신 모든 분께 감사를 전한다.

신유경

차례

CHAPTER 1
나는 감사편지를 써서 행복해지기로 했다

CHPATER 3

그렇게 노력해도 안 되던 자기계발이 되다

CHAPTER 4

감사편지로 긍정과 나눔을 배우다

CHAPTER 5

감사편지로 선한 영향력을 끼치겠다고 결심하다

CHAPTER 1

나는
감사편지를 써서
행복해지기로 했다

감사편지를
쓰기로 한 이유

나는 20대 중반부터 나름 책도 많이 읽었고, 어릴 때부터 뭔가를 배우는 것을 좋아하는 성격이었다. 그런데 아기를 낳고부터는 나한테는 쓸 돈이 없다는 생각에 읽고 싶은 책이 있어도 선뜻 사지 못했다. 그런 내가 비록 적은 액수였지만 돈을 투자해서 강의를 듣기 시작한 것은 용기가 필요한 일이었다. 그것도 기독교 신자도 아니면서 교회에서 진행하는 강의 프로그램에 등록한 데는 나를 도와주고 싶어한 친구의 도움이 컸다.

강의를 들을 때도 아기를 데려가야 해서 온전히 집중해서 듣는 것은 거의 불가능했다. 하지만 나를 위해 시간과 돈을 들여 수업을 들을 수 있다는 것이 기뻤다. 몸은 힘들지만 아이를 안고 강의실로 찾아가고 사람들을 만나는 그 과정이 정말 좋았다. 항상 낸 돈보다 몇 배의 것을 얻어오는 느낌이었다. 그래서 어느 날 목사님의 설교를 들어보자는 생각이 들었다. 교회에 가니 마침 추수감사절 주간이라 곳곳에 쌀 포댓자루들이 놓여 있어 인상 깊었다. 지금껏 한 번도 추수감사절에 신경 써본 적이 없었던 나로서는 그 모습이 신기했다. 설교에만 집중하기 위해 아기까지 친정엄마께 맡기고 남편과 단둘이 갔지만, 평소보다 너무 이른 시간에 일어났더니 졸리기도 하고 집중하기가 힘들었다.

그 시간에는 담임 목사님께서 설교하셨다. 처음엔 조금씩 졸기도 하면서 말씀을 듣고 있었다. 그러던 어느 순간 '무조건 감사하고 보라'는 목사님의 말씀이 귀에 꽂혔다. 나는 순간 '쿵'하는 느낌이 들었다. '그래, 맞아. 일단 무조건 감사하고 봐야 하는 거였어!' 나도 모르게 노트를 꺼내 그 말을 적었다.

그러자 지금까지의 내 삶이 주마등처럼 스쳐 지나갔다. 나는 20대 중반에 일을 시작하면서부터 대부분 긍정적이다. 열정적이라는 평을 들으며 살아왔고, 나 스스로 분명 감사할 줄 아는 사람이라고 생각했다. 그랬는데 아이를 낳고 우울증을 겪으면서 부정의 늪으로 끝도 없이 빠져들었다. 감사해봤자 아무 소용 없다고, 항상 감사하며 살아왔는데 지금 내 모습을 보라고 혼자 소리치기도 했다.

그런데 그동안 나는 감사할 만한 일에만 감사해왔던 것이었다. 내가 돈을 버니까, 계속 좋은 조건의 일자리가 들어오니까, 새로운 기회가 생기니까, 그 덕분에 나는 또 돈을 버니까, 나를 위해 공부할 수 있고 그러면 내가 또 발전하니 감사했다. 가족마저도 내게 도움이 되면 감사하고, 내게 피해가 된다고 생각되면 원망했던 순간들이 있었다. 그동안 했던 감사는 가짜 감사였던 것이다. 그래서 정작 힘든 일이 닥치자 나는 그렇게 순식간에 무너져내려 버린 것이었다.

'감사하라'는 말은 언제 어디서나 들을 수 있는 말이다. 당연히 그래야 한다. 그런데 그동안은 그렇지 못했다. 나는 이미 충분히 감사하고 있다는 생각에 그냥 흘려들었다. 그런데 그 순간에는 목사님의 말씀이 나를 향한 것처럼 머리에, 가슴에 박혀들었다.

담임 목사님께서는 이전의 담임 목사님에 관해 이야기하시며 고통스러운 투병생활 중에도 '설교 준비를 할 수 있음에, 그럼에도 설교를 할 수 있음에, 나중에 생명의 불씨가 꺼져갈 때까지도 언제나 감사하는 생활을 하셨다.'고 하며 울먹였다. 그 말들이 꼭 내게 '너는 지금 얼마나 가진 것이 많으냐! 감사할 것이 많으냐.'라고 외치는 것 같았다. '이제라도 네가 가진 것에 진심으로 감사해라!'라고 말씀하시는 것 같았다. 이어서 〈365 Thank You〉라는 책에 대해 말씀하셨다. 그 책은 예전에 한 번 읽고는 책장에 꽂아둔 책이었다. '어? 그 책 우리 집에 있는데, 나 그 책 읽어봤는데? 심지어 책마저 우리 집에 있는 책을 말씀하시는구나.' 하며 나는 이 책을 꼭 다시 읽어봐야겠다고 생각했다.

그날 밤 단숨에 나는 그 책을 읽었다. 분명 예전에 읽었던 책이었다. 그러나 그때는 내가 충분히 감사하며 살고 있다는 자만에 빠져 있던 시기여서 책의 내용이 깊게 와 닿지 않았다. '그래, 감사편지 좋네. 언젠가 한번 써보지 뭐.' 하고 꽂아두었던 것이다. 하지만 이번엔 완전히 달랐다.

나는 충격을 받았다. 저자가 감사편지를 쓰기로 결심한 결정적 이유가 어느 날 절망적인 상황에서 들려온 "네가 가진 것에 감사하기 전까지는, 너는 네가 원하는 것을 얻지 못하리라."는 알 수 없는 음성 때문이었다는 것이 너무나 강렬하게 다가왔다. 그 메시지는 또 한 번 내게 큰 울림을 주었다. 왜 예전에는 이 부분을 보지 못했던 것일까? 아니, 왜 전혀 마음에 와 닿지 않았던 것일까? 기억에 남지 않았던 것일까? 책을 읽는 내내 이런 질문들이 머릿속에 맴돌았다. 그리고 절절하게 깨달았다. 내가 이렇게 무너져 내렸던 것은 내가 가진 것들에 진심으로 감사하지 못했기 때문이라는 것을.

나는 '이미 가진 것'이 아니라 '막 얻게 된 것' 또는 '얻게 될 것'에만 감사하며 살아왔다는 것을 깨달았다. 그래서 내 옆의 가장 소중한 아이도, 남편에 대한 감사함도 느끼지 못하고, 때로는 짐처럼 느끼기도 했던 것이다.

나는 정말 머리를 한 대 맞은 느낌이었다. 이 교훈 하나를 제대로 얻기 위해 내가 그렇게 밑바닥으로 내동댕이쳐졌나 하는 생각마저 들었다. 그동안 나는 내가 가진 소중한 것들에 감사하지 않고, 새롭게 얻게 된 것, 내가 갖고 싶은 것에만 집중했던 것이다.

'가진 것에 감사해야만 원하는 것을 가질 수 있다.'는 메시지는 사실 많은 책에서 공통으로 말하던 것이었다. 그런데 왜 나는 이미 가진 것에 감사하는 것이 아닌, 그냥 어떻게든 감사만 하면 된다고 생각하며 살아왔을까. 그래서 언제나 물질적인 것들, 내게 이익이 되는 것들에만 감사하는 삶을 살았던 것이다.

나는 책을 덮으며 '그래, 이거다! 지금 내 상황에서도 당장 할 수 있는 것. 바로 딱 이거다. 나도 해보자!'고 결심했다. 그리고 나는 정말로 그 책의 저자처럼 15개월 만에 365통의 감사편지를 다 쓰고 전달했고, 그 목표를 달성한 후에도 여전히 쓰고 있다. 그리고 앞으로도 계속 쓸 것이다.

365통을 다 쓰고 난 뒤에 내 삶이 어떻게 변했을까? 당장 육아휴직비용이 끊기는 것을 걱정하며 일자리를 알아보고, 절망에 빠져 있던 평범한 주부가 어떻게 달라졌을까? 가장 큰 변화 중 하나는 평범한 주부에서 이렇게 책을 집필한 저자가 되었다는 것이다. 그리고 이것은 시작에 불과하다.

감사편지를 쓰면서 겪었던 그 변화들이 내가 앞으로 무엇이든 해낼 수 있는 사람이라는 것, 나는 정말로 소중하고 가치 있는 사람이라는 것을 진정으로 느끼게 해주었다. 무엇보다 나를 위해서 했던 행동들이 내 가족, 이웃, 주변을 행복하게 하고 나아가 그들의 가족까지 행복하게 만들 수 있다는 것을 알고는 너무나 놀랐다. 우울과 무기력증에 빠져 내 몸 하나 건사하는 것도 힘들었던 내게 그런 능력이 있다는 것을 알게 되자 나는 감사편지가 하나의 마법처럼 느껴지기 시작했다.

그렇게 십 년 넘게 자기계발서를 읽으며 실천하려고 했어도 안 되었던 것들이 감사편지를 쓰고 전하는 과정에서 나도 모르게 실천하고 있었다는 것을 깨달았을 때는 전율이 일기도 했다. 성공과 부에 관한 책들을 읽으면서 그 책들이 강조하는 것마저 감사편지를 쓰면서 실천하게 되었다는 것을 알게 되었다.

모든 사람은 특별하다고, 소중하다고, 가치 있다고 말한다. 우리는 우주의 주인공이니 원하는 대로, 생각하는 대로 다 할 수 있다고. 그러니 그 소중한 삶을 허비해서야 되겠느냐고. 맞다. 모두 사실이고 진실이다. 하지만 그동안 머리로는 이해했지만, 가슴으로 받아들이지 못했던 메시지들을 감사편지를 쓰면서 하나씩 체험하고 이해하게 되었다. 그것은 무엇과도 바꿀 수 없는 힘이 되었고, 재산이 되었다. 그런 경험들을 지금 이 책을 읽고 있는 당신과 하나씩 나누고자 한다.

내가 행복해지기 위한
꿍꿍이

우리나라는 밥 사라는 말을 참 많이 한다. 누군가 도움을 줬다면 "이거 잘되면 다음에 밥 사라!", 누가 좋은 일이 생겨도 "이 자식 축하한다! 밥 사라!" 한다. 나도 뭔가를 도와주면 으레 속으로 '그래도 고맙다는 말 한마디는 하겠지', '밥 한 끼는 사겠지'라는 생각을 하곤 했었다.

그랬던 나였지만 감사편지를 쓸 때 가장 중요한 원칙을 세웠다. 감사편지를 쓰는 대상에게는 어떤 것도 바라지 말고, 기대하지 않겠다고. 감사편지를 쓰기 시작한 이유는 딱 하나였다. 감사할 것이 너무 많아서가 아니라 지금의 절망스러운 상황에서 벗어나고자 하는 간절함이었다. 감사편지는 순전히 나를 위해서 쓰는 것이었다. 그러므로 감사편지를 전할 대상이 있다는 것, 그들이 내 편지를 받아준다는 것, 그것만으로도 충분했다. 솔직히 시작할 때는 '이깟 손편지'로 사람들이 얼마나 감동하겠느냐는 생각도 했었다. 그러니 고맙다는 말조차 기대해선 안 된다고.

하지만 실제로 편지를 전해보니 반응은 상상 이상이었다. 운이 좋았던 건지 모르지만, 감사편지를 쓰고 전하기 시작하면서부터 내 주위 사람들은 너무나 기뻐해주었다. 손편지를 너무나 오랜만에 받아본다며 내가 함께 준 선물이 무엇이든 상관없이 그 선물까지도 크게 의미 있게 느끼는 것이었다. 손편지 자체로 그들은 충분히 감동했다. 그리고 편지가 자신에게 감사하는 내용이라는 것에 더욱 감동하고, 오히려 내게 감사하다고 말해주었다. 나는 나를 위해 쓴 것뿐인데 이렇게나 기뻐하며 감동하니 어리둥절할 수밖에 없었다.

편지를 점점 다양한 사람들에게 전하다 보니 더 다양한 반응들을 볼 수 있었다. 혹시나 언제나 기뻐하고 좋아하는 반응만을 볼 거라고 기대하고 시작한다면 오산이다. 아무 반응이 없는 사람들도 있다. 아마 그 나름의 이유가 있을 것이다. 한참 뒤에야 자신이 받은 선물에 편지가 들어 있는 걸 발견했다고, 이제야 읽었다며 인사를 해오는 일도 있었다. 또 어떤 사람은 피식 웃기도 해서 무안한 적도 있었다. 그러나 상관없었다. 그 사람을 기쁘게 하려고 쓴 것이 아니라 순전히 나를 위해 쓴 것이었기에 그 사람이 받아서 읽어주었다는 것만으로도 나는 만족했다.

감사편지를 쓰기 시작한 후 내가 가르치는 학생들에게도 전달했다. 학원에서 일할 때는 아이들에게 초콜릿과 함께 감사쪽지를 써서 주곤 했다. 그중 어떤 아이들은 초콜릿만 먹고 쪽지는 대충 읽고 버리거나, 복도에 흘리거나, 아니면 아예 쓰레기통에 버리고 간 것도 보았다. 순간 기분이 안 좋았지만, 금세 마음을 가라앉혔다. '그래, 어차피 난 전했으니까 그걸로 감사편지 미션 완료한 거야!'라고 생각했기 때문이다.

만약 내가 아닌 다른 사람을 위해서, '그들을 정말 기쁘게 해주고 싶다, 감동시키고 싶다'는 목적만을 가지고 썼다면 그 상황에서 화가 났을 것이다. '내가 얼마나 정성 들여 썼는데 감히 그걸 버려?'라든가, 별 반응이 없다면, '뭐야? 왜 아무 반응이 없어?'라든가, 고맙다고 말은 하지만 생각보다 강도가 약하다면, '그냥 영혼 없이 고맙다고 하고 끝이야?' 이런 식으로 끊임없이 상대방의 반응에 혼자 화를 삭였을 것이다.

하지만 난 그때 진심으로 '전달한 감사편지가 늘었다는 것만으로도 됐다'고 생각했다. 아이들이 내게 써달라고 한 것도 아니었다. 순전히 나를 위해 내 의지로 쓴 것이었다. 사실 감사쪽지를 받고 그것을 평생 소중하게 간직할 거란 기대는 너무 과한 게 아닐까? 쪽지는 언젠가 어디 구석에 있다가 결국은 쓰레기통으로 들어갈 확률이 훨씬 높다. 그런데 어떤 쪽지는 그 자리에서 바로 쓰레기통으로 간 것이고, 어떤 쪽지는 며칠 책가방이나 호주머니에 있다가 쓰레기인 줄 알고 버려졌을 수 있다. 그러니 내 손에서 떠나면 그것으로 끝이라고 생각해야 한다.

데일 카네기는 〈카네기 행복론〉에서 행복해지기 위한 원칙 중 하나가 대가를 바라지 않는 것이라고 했다. 또한 인간이 감사하는 마음을 잊는다는 것은 지극히 자연스러운 일이므로 굳이 감사를 바라며 마음을 괴롭히는 일은 스스로 괴로움을 찾는 것이라고 말한다. 나 역시 감사 인사조차 바라지 말자는 원칙을 세웠다. 그러자 점차 감사편지를 전할 때뿐 아니라 내가 도움을 주게 될 때에도 자연스럽게 대가 없이 도와주었고, 축하하거나 선물하게 되었다.

나도 모르는 사이에 내가 도와줄 수 있는 처지라서, 뭔가를 해줄 수 있는 형편이 되어 다행이라고 생각하게 되었다. 그리고 아무 대가 없이 사람들에게 선물하고, 감사편지를 주니 상대방이 더욱 고마워하고 나의 일에도 같이 기뻐하고 슬퍼하며 자신들이 달리 도울 일이 없는지 묻는 것을 느꼈다.

무엇보다 그 원칙 덕분에 사람들의 반응에 일희일비하지 않고 꿋꿋이 나 자신만을 위해 끝까지 감사편지를 써나갈 수 있었다. 또 그 덕분에 내 감사편지를 받고 기뻐하는 사람들을 보면서 나는 더욱 감사할 수 있었다.

예수는 어느 날 오후 열 사람의 나병 환자를 고쳤다. 그런데 그중에서 몇이나 그에게 감사했는가? 누가복음을 보면 단지 한 사람뿐이었다. 예수가 그의 제자들에게, "다른 아홉 사람은 어디 있는가?" 하고 물었을 때, 그들은 모두 달아나 버리고 없었다. 한마디 인사도 없이 가버렸다.

- 〈카네기 행복론〉 중에서

우리가 누군가를 돕거나, 친절을 베풀거나, 선물하더라도 예수가 베푼 것보다 더할 수는 없을 것이다. 그러니 일찌감치 고맙다는 말조차 바라지 말자. 그러면 오히려 고맙다는 말 한마디에 더 감사하고 감동하는 자신을 발견할 것이다.

감사편지는 나를 위해 쓰는 것이라고 확실히 마음을 잡고 시작하길 바란다. 물론 다른 사람을 기쁘게 하려고 쓰는 것도 좋다. 실제로 많은 책에서 다른 사람들을 기쁘게 하라고, 그것이 성공비결이라고 한다. 하지만 단지 그 이유라면 상대방이 기뻐하지 않으면 단념할 이유도 생긴다. 사람들의 반응에 일희일비하며 점점 내가 없어진다는 느낌을 받을 수도 있다. 기쁨도 중독된다. 분명 감사편지를 받는 대부분은 기뻐하고 고마워할 것이다. 하지만 당신도 사람이기에 그렇게 많은 편지를 쓰다 보면, 점점 상대방이 더 큰 기쁨을 보여주기를 기대하거나 마음속으로 강요하는 경우가 생길 수 있다. 어디까지나 감사편지는 내가 행복해지기 위해서 쓰는 것이지만, 다른 사람도 기쁘게 만드는 효과가 나타나는 것임을 잊지 말자.

사람은 원래 이기적이다. 자신에게 이익이 있어야 움직이고, 기쁨과 행복을 느껴야 무엇이든 지속할 수 있다. 그렇기에 단지 다른 사람들을 기쁘게 하기 위한 이유로 시작한다면, 혹시나 상대방이 감사 편지를 받고 난 뒤에 무슨 꿍꿍이 있는 것 아니야? 하고 의심할 때 상처받고 좌절할 것이다.

하지만 자신을 위해 쓰기 시작한다면 시원하게 인정하면 된다. 꿍꿍이 있는 게 맞다고. 나는 내가 행복해지기 위해서 쓰는 거라고. 그러니 솔직히 꿍꿍이라면 꿍꿍이라고. 꿍꿍이라는 말이 뭔가 어감이 부정적일 수 있지만, 다른 사람에게 피해를 입히면서 하는 것이 아니라 진심으로 감사한 마음을 적어 전하는 것일 뿐이니 마음도 편하다. 오히려 상대방이 기분 좋아하는 경우가 훨씬 많아서 양심의 가책을 느낄 일도 없고 당당할 수 있다.

그러니 당신이 먼저 행복해지기 위한 꿍꿍이를 위해 얼마든지 편지를 쓰길 바란다.

나와 다름에
감사하게 되다

편지든 카드든 직접 손글씨로 적는 것은 아무래도 정성이 들어갈 수밖에 없다. 자판을 두드리는 일보다 더 불편하고 수정하는 일도 더 번거롭다. 그래서 이런 번거로움을 방지하기 위해서라도 편지를 쓰기 전에 무슨 말을 쓸지 그 사람에 대해서 곰곰이 생각하는 시간을 가질 수밖에 없었다.

내가 받은 도움이나 친절에 감사하다고 전하기 위한 것이지만, 단순히 '감사합니다!'라고 적는 것은 의미가 없어서 내가 감사함을 느꼈는지를 구체적으로 적어서 알리고 싶었다. 그래서 자연스럽게 그 사람에 대해서, 그 사람과 있었던 일들을 되새겨 보게 되었다. 그러다 보니 '아, 나랑 비슷한 스타일인 줄 알았는데 이런 게 다르구나!' 등 평소에 전혀 신경 쓰지 않아 몰랐던 특성을 하나씩 깨닫게 되었다.

나처럼 커피를 좋아하는 사람이라고 생각했었는데 곰곰이 생각해 보니 이 사람은 언제나 아메리카노를 시켰다는 것을 알게 되고, 또 다른 사람은 항상 달콤한 바닐라라떼를 시키는구나, 이 사람은 커피면 가리지 않고 다 좋아하는 사람이었구나, 하는 아주 사소한 것을 떠올리는 것이다. 또 '이 사람은 평소에 이런 말을 자주 했었구나. 그래서 나도 그 말에 공감했었지. 그러고 보니 그 사람 덕분에 나도 한 번 해볼까 하고 실천하기 시작한 것도 있네. 아, 이런 부분도 고맙다고 써야겠다.'라든지 평소에는 무심히 지나쳤던 여러 가지 것들이 연이어 떠오르곤 했다.

비슷하게 느꼈던 사람들에 대해서도 한 사람 한 사람 그들이 했던 말이나 행동들을 되새겨보면, '정말 사람들이 이렇게 다양했구나. 이렇게 개성들이 있었구나.'라는 것을 깨닫게 되었다. 그리고 얼굴을 보고 직접 편지를 주다 보니 '어? 이 사람은 이런 식으로 반응하네? 이번에는 이렇게 반응하네?' 등 사람들의 반응이 다양하다는 것을 알게 되었다. 이런 깨달음은 내게 의외의 변화를 안겨주었다. 바로 사람들이 다름을 인정하는 것이다.

웬 뚱딴지같은 소리냐고 할 수도 있다. '다른 것은 틀린 것이 아니다.'는 말을 들어보았을 것이다. 솔직히 고백하자면, 난 나와 다른 사람들을 싫어했다. 이해하지 못했다. 나와 다른 것은 틀린 것으로 생각한 사람이었다. 예를 들어 내가 명품가방이 없을 때에는 명품을 사는 사람들, 좋아하는 사람들을 이해하지 못했다. 내가 책을 안 읽었을 때는 열심히 책을 읽는 사람들을 보며 '어차피 다 아는 얘긴데 뭐 하러 읽어?'라고 생각했고, 내가 책을 많이 읽게 되었을 때는 '저렇게 책 한 권도 안 읽고 어떻게 이 세상을 살아. 참 한심하다.' 이런 식으로 생각했다.

정말 유치하기 짝이 없고 창피한 과거다. 하지만 분명 그렇게 생각하며 살았던 시절이 있었다. 한 가지 더 고백하자면 나는 어릴 때부터 틀에서 벗어나는 것을 싫어했다. 심지어 그림을 그릴 때도 연필 선이나 크레파스 선이 삐쳐나가는 것이 싫어서 자를 대고 그릴 정도였다. 그것을 보고 아빠가 기겁하셨던 기억이 아직도 생생하다. '그 사건'은 아직도 내가 얼마나 융통성이 없고 틀에 박힌 사람인지에 대한 얘기가 나올 때마다 회자되고 있다.

하지만 그런 성격 덕분에 나는 학교나 학원에 다니면서 선생님들의 총애를 받는 쪽에 속했다. 선생님이 알려주면 정말 그대로 했다. 나는 튀는 걸 싫어하고, 틀 안에 갇혀 있었다. 그래서 개성이니 뭐니를 외치는 사람들을 보면 괜히 헛바람이 들었다고 생각했다. 그것도 정말 창의적으로 생각하고 이것저것 시도해 보아야 하는 그 나이에 말이다.

그 때문에 나는 대학교에 들어가서 방황하기 시작했고, 대학생활 내내 제대로 잉여인간의 삶을 살았다. 하지만 그 시간 덕분에 대학을 졸업한 뒤에는 책도 열심히 읽고 내가 좋아하는 일을 찾겠다며 이것저것 시도해보며 살 수 있었다. 그런 내가 아무 대가 없이 오롯이 그 사람만을 생각하며 편지를 쓰고 전하며 어떤 반응이든 받아들이다 보니 자연스럽게 사람들이 다를 수 있음을 인정하게 되었다. 오히려 다 달라서 다행이고 감사하단 생각마저 들었다.

문득문득 나와 다르다고 싫어하고 배척했던 과거의 나를 떠올리며 혼자 상상해본다. 모든 사람이 나처럼 생각하고 말하고 나처럼 입고 다니는 모습을. 정말 공포영화가 따로 없다. 얼마나 지루하며, 무엇보다 나처럼 창조적이지 못하고 융통성 없는 사람들로 이 세상이 꽉 찼다면 그 어떤 기술 발전도 없었을 것이다. 나는 기계치에다가 문명과 친하지도 않다. 나는 아직도 전화기가 작동되는 원리가 이해가 안 되고 신기하다.

그러니 세상에 사람들이 각기 다른 모습을 하고, 다른 생각을 하며 다른 생활을 한다는 것이 얼마나 감사한지 새삼 느낀다. 감사편지를 쓰기 전에는 전혀 생각지 못했던 것들이었다. 정말 의외의 효과이자 수확이다. 이외에도 감사편지를 꾸준히 쓰면서 너무나 기적같은 변화를 겪게 되었다.

관심에서 시작된
나비효과

나는 세상에서 가장 신기한 사람을 세 부류로 나누곤 했다.

한번 가본 길을 다음에 바로 찾아가는 사람.

요리책을 보고 그대로 요리를 뚝딱 해내는 사람.

매뉴얼을 보고 기계를 조립하거나 설명서만 보고 금방 기계를 작동시키는 사람.

그중에서도 가장 신기한 사람을 꼽으라면 단연코 한 번 가본 길을 아무 어려움 없이 척척 찾아가는 사람이다. 나는 정말 극심한 길치이다. 길치인 사람이 주변에 한두 명은 있을 것이다. 내 주변에도 은근히 자신이 길치라고 '주장'하는 사람들이 많다. 하지만 그들마저도 나를 보고는 경악한다. 친정집이 이사했는데 이사한 지 몇 달이나 지나고, 그동안 일주일에 한 번씩 꼬박꼬박 갔으면서도 또 길을 잃어 결국 근처 카페에서 책을 읽고 차 마시다 돌아온 적도 있다.

주변 사람들은 나를 보고 경악하지만 정작 나는 약간 불편한 건 있어도 그렇게 심하게 불편하진 않다고 생각했다. 오히려 내가 얼마나 심각한 수준인지 아는 사람들은 항상 내가 잘 아는 장소에서 만나주었기 때문에 유리한 부분도 있었다.

그러던 어느 날 문득 깨달았다. 그동안 내가 길치로 살아왔던 건 방향감각이나 공간능력이 현저히 떨어지는 이유도 있지만, 주변에 관심이 없어서였다는걸!

그 단순한 것을 최근에야 깨달았던 것이다. 그것은 내게 정말 충격이자 큰 깨달음이었다.

생각해보니, 과거의 나는 길뿐 아니라 나와 특별히 관계가 없다고 생각되는 것들에는 전혀 관심이 없는 사람이었다. 당장 내 이익과 관련이 없으면, '내 일도 아닌데 뭐. 내 알 바 아니야. 또는 내가 신경 써서 뭐 달라지는 것 있어?' 이런 식으로 살아왔다.

감사한다는 것도 모두 나와 관련된 것, 내 이익과 직접 관련된 것들에만 감사하는 가짜 감사를 했기에 순식간에 무너져 내렸던 것이다.

그런데 그런 내가 감사편지를 쓰다 보니, 단골 커피숍 직원에게 감사쪽지를 쓰기 위해 그 사람의 이름이 불리기까지 귀 기울여 듣고, 감사편지를 쓸 대상이 생겼을 때 그 사람에게 함께 줄 선물을 고르기 위해 어떤 것을 좋아하는지 직접 묻거나 주변에서 정보까지 캐내며 관심을 갖기 시작했다.

강조하지만 감사편지를 쓰는 가장 큰 목적은 나 자신을 위해서다. 나 자신의 행복을 위해서다. 하지만 감사편지는 대상이 있으니 그 사람의 이름을 알아야 하고(꼭 알아야 하는 것은 아니지만, 이왕이면 같이 쓰는 게 좋으니까.), 편지나 쪽지를 붙여줄 만한 작은 선물을 찾기 위해 그 사람의 취향을 살피게 되었다. 그러면서 자연히 그 사람에게 관심을 두고 질문도 많이 하게 되었다. 그런 과정을 통해 상대방에게 정말로 더 관심과 애정이 생기기도 했다. 자신에게 관심 두고 질문하는데 싫어할 사람은 없을 것이다. 그리고 자신을 좋아하는 사람에게 반감을 갖는 사람도 없을 것이다. 그러다 보니 자연스레 주변 사람들과의 관계도 좋아졌다.

캔커피 하나를 줄 때도 평소 어떤 커피를 즐겨 먹는지, 아니면 아예 커피를 안 먹는 사람인지를 살피게 되고, 카페인에 예민해서 절대 커피를 안 마시는 사람이란 것을 발견하게 되었다. 그럴 때는 비타민 음료 같은 것에 쪽지를 붙여 전달했다.

그렇게 대단한 선물이 아니라, 감사편지를 전달하기 위해 어떤 것에 붙여서 줄까 고민하면서 그 사람에게 관심을 두게 되었다. 그러면서 자연스럽게 내 주변 사람들에게 관심을 기울이고 있는 나를 발견하게 되었다.

무엇보다 목표했던 통수를 채우기 위해 항상 누구에게 쓸지 그 대상을 물색하게 되었다. 처음엔 대부분 가족, 친지 친구, 직장 동료부터 시작했지만, 매일 비슷한 생활을 하면 새로운 대상을 만나기 어렵기 때문에 어느새 편지를 쓰고 전하는 속도가 느려져서 새로운 대상을 물색하기 시작했다. 어느 날은 항상 학원 화장실이 깨끗하게 정리된 것이 감사하단 생각이 들어서 청소 아주머님께 쪽지와 초콜릿을 전달했다. 또 카카오택시 기사님들께 전달하기도 하고, 나중에는 문득 짜장면 한 그릇도 배달해주시는 분이 감사해서 쓰고, 주말에 정수기를 관리해주러 오신 분이 감사해서 쓰는 식으로 나와 내 주변에만 국한되어 있던 시야와 관심이 점점 넓어졌다. 보통 나는 감사쪽지를 써서 초콜릿이나 작은 음료에 붙여 함께 드렸다.

홍우빌딩의 청결을 담당하시는 이모님께.

일단 호칭을 뭐라고 해야 할지 몰라 이렇게 적었습니다.

안녕하세요, 저는 9층에서 근무하는 사람입니다.

갑자기 편지를 드려서 당황하셨을 거 같기도 해요. ^^;

제가 이걸 써서 언제 전해 드릴 수 있을지 모르겠지만.

민망하고 쑥스럽기도 하지만, 항상 고마운 마음이 많아서 이렇게 용기 내어 몇 자 적습니다.^^

화장실 지저분해지면 금방금방 치워주셔서 깨끗한 상태로 사용할 수 있어 진심으로 감사드립니다. 학원이 많은 층이라 아이들이 화장실을 험하게 쓰는 경우가 많은 것 같은데 덕분에 안심하고 사용한답니다. 노고에 항상 진심으로 감사드립니다.

피곤할 땐 달콤한 거 먹으면 조금 나아지더라고요. 너무 별것 아닌 거라 민망하지만, 초콜릿 같이 드려요!

그럼 항상 건강하고 행복하시길 바랍니다!

이런 경험을 하고 나니, 나는 방문하는 건물의 깨끗한 화장실을 볼 때마다 자연스럽게 그곳을 청소해주는 분들께 감사하게 되었다. 버스를 탈 때도 감사하고, 배달을 해주시는 모든 분께도 감사한다. 그런 식으로 자연스럽게 진심으로 감사함을 느끼는 대상이 넓어졌다.

나를 위해서라는 이기적인 이유로 감사편지를 쓰기 시작했고, 가까운 주위 사람들에게만 쓰다 보니 쓸 대상이 떨어져 통수를 채우기 위해 사냥감이 먹잇감을 찾듯 그렇게 주변을 살피기 시작했던 것이었다. 그런데 그러다 보니 한 사람 한 사람 언제나 자기 일을 충실히 하고 있는 분들이 눈에 들어오기 시작했다. 그런 식으로 대상을 넓혀가니 세상엔 감사편지를 쓸 대상이, 아니 마땅히 써야 할 대상이 너무나 많다는 것을 깨달았다.

어릴 적 도덕 교과서에서 환경미화원분께도 감사해야 한다고 배웠지만, 실제로 그렇게 느끼는 사람이 몇이나 될까 생각해본다면, 이런 변화를 가히 기적이라 불러도 마땅하다고 생각한다. 특히 그저 나의 성공, 이익에 모든 관심이 쏠려 있던 나에게마저 이런 변화가 생겼다면, 평소에 감사할 줄 아는 사람이라면 더 빨리 큰 변화를 경험할 것이다.

주변에 관심이 생기고 진심으로 감사하게 되니, 점점 많은 기회가 보이기 시작했다. 내 상황에 필요한 책들이 우연을 가장해 나타나서 내게 힌트나 해결책을 제시해주는 것 등은 아주 비일비재하게 일어났다. 누군가의 말 한마디가 큰 힌트가 되고, 무심코 보던 TV에서도 깨달음을 얻게 되기도 했다.

나는 그렇게 얻은 힌트들을 그냥 흘리지 않고 기록하고, 바로 실천할 수 있는 것들은 실천하기 시작했다. 그 과정에서 새로운 깨달음을 얻기도 했고, 힌트를 얻어 다음 단계로 나아갔다. 아무 연관성이 없어 보이는 감사편지 하나가 진짜로 '나비효과'를 일으킬 수 있음을 알았을 때 나는 전율할 수밖에 없었다.

안다는 착각에서
벗어나 앎의 세계로

한참 감사편지를 열심히 쓸 때는 한 통을 쓰는데 거의 두 시간이 걸렸다. 타이핑하면 빠를 것을 굳이 노트에 정식으로 쓰고, 그걸 빨간펜으로 첨삭해보고, 그다음에 편지지에 옮겨적었다. 이런 무식한 경험 덕분에 너무 힘들어진 나는 책을 다시 찾아보게 되었고 더 효율적으로 감사편지를 적게 되었다. 역시 모든 힘든 경험은 항상 발전하는 좋은 기회가 된다.

그 시기에 집안 어르신 중 한 분의 생신이었는데 사정이 어려워 좋은 선물을 살 형편이 안 되어서 남편과 고민 중이었다. 그러다 남편이 그랬다.

"이왕이면 편지도 같이 써서 줘봐. 당신 편지 잘 쓰잖아."

그땐 편지를 쓰는 초기였고, 또 요령 없이 힘들게 쓰고 있던 때라 나도 모르게 울컥해서 "뭐야? 내가 편지 한 통 쓰는데 시간이 얼마나 걸리는 줄 알아? 그게 그렇게 쉽게 막 찍어내듯이 나오는 건 줄 알아?"라고 쏘아버렸다.

남편은 황당해하면서 "아니, 요즘 편지 많이 쓰길래 그냥 쓰라고 한 건데 그게 뭐가 문제야? 내가 뭘 잘못했어?" 하고 발끈했다. 나는 더 화가 나서 "한 통 쓰는 데 두 시간이나 걸린다고! 당신은 한 번도 안 써봐서 그게 얼마나 힘들고 노력이 필요한지 모르지? 나 참. 써봐야 알지! 만날 나보고 자기한테 왜 감사편지 안 쓰느냐고 그러면서 자기는 나한테 한 번이라도 써볼 생각해봤어?"라고 쏘아붙였다.

지금 생각하면 참 어이가 없다. 그때 남편은 얼마나 더 어이가 없었을까? 순전히 나를 위해서 쓰는 것인데도 불구하고 막상 쓰니까 힘들다는 생각에 나는 남편에게 화풀이한 것이다.

무턱대고 감사편지를 쓰기 시작했기 때문에 힘든 과정을 겪기도 했다. 그 과정에서 이것이 내가 진심으로 원하는 것인지, 힘들어도 끝까지 쓸 것인지, 계속 쓰고 싶은지 등 스스로 질문을 해봤다. 그럴 때마다 나의 대답은 "예스!"였다. 그만큼 강력한 확신이 있었던 것도 드물었다.

스스로 질문해보라는 책의 메시지를 읽으면서도 나는 한 번도 그래 본 적이 없었다. 무얼 어떤 식으로 질문해야 하는지조차 몰랐던 것 같다. 그냥 내가 하고 있는 일이 좋다고 생각하니까, 열정 느끼고 신 나니까 계속하면 되겠구나 하면서 살았다. 그런데 감사편지를 쓰면서 나도 모르게 그렇게 나 스스로 질문을 던져보는 경우가 생겼다. 그것이 점점 발전하다 보니, 어느 날 문득 '내가 진심으로 원하는 건 어떤 걸까?'라는 생각을 하게 되었고, '내가 진짜로 꿈에 그리는 삶은 어떤 것일까? 내 꿈이란 건 도대체 뭘까?'라는 생각마저 하게 되었다. 그러면서 나의 소명과 꿈을 찾게 되는 너무나 큰 수확까지 얻게 되었다.

당시에는 대가 없이 나를 위해 쓴다고 분명히 생각했으면서도 나도 모르게 그렇게 일일이 손편지를 쓰는 것이 사람들이 대단하다고 바라봐주길, 인정해주길 바랐는지 모른다. 초반에 그렇게 힘들고 길게 쓴 편지들을 전할 때 반응이 폭발적이었다. 그래서 나도 모르게 길게 쓰다 보니 기본 서너 장이 된 적도 많다. 어떤 날은 다음 날 대학 동창을 만나기로 했는데 그들 모두에게 새벽까지 편지를 쓰다가 결국 다음 날 몸살이 나서 모임을 못 나간 적이 있다. 내가 얼마나 무식하고 미련했는지 모른다. 새벽까지 열심히 공부하고 다음 날 늦잠 자서 시험을 망치는 것과 딱 똑같이 느껴져 나 자신이 얼마나 한심했는지 모른다.

그렇게 미련했던 내 잘못인데도 남편을 몰아세웠다. 하지만 역시 그런 힘든 시간이 있었기에 '뭔가 이건 아닌 것 같다. 감사편지를 쓰면 감사가 충만하고 항상 행복해야 하는 거 아닌가? 뭔가 이상해. 내가 잘못 이해한 거 아닌가?'라는 생각에 책을 다시 찾아보게 되었다. 다시 책을 읽자 무조건 감사편지를 써야겠다는 생각에 사로잡혀 그 땐 보지 못했던 새로운 부분들이 눈에 들어왔고, 감사편지 쓰는 방법을 따로 부록으로 해놓은 것을 그제야 알게 되었다.

예전에 나는 전공서적이나 일과 관련된 책이 아니고는 한 번 읽은 책을 다시 본 적이 없고, 한 번 들었던 강의도 다시 들은 적이 없었다. 책을 많이 읽기는 했으나, 정말로 '읽었다'에 그치는 그런 독서였다. 눈으로만 하는 독서, 마음이나 행동이 전혀 따르지 않는 독서였다. 그러니 한 달에 20권을 읽은 적도 있었다. 심지어 밑줄을 치거나 메모하지도 않고, 그저 빨리 읽고 많이 읽는다는 그 자체에 만족하면서 말이다. 읽을수록 세상엔 좋은 책이 너무나 많고 다 읽고 싶다는 생각에 속독법 책에 심취한 적도 있었다. 하지만 책들을 읽었으면 스킬을 연마해야 하는데 그런 책들마저 눈으로 읽고 그쳤다.

지금도 20대에 읽었던 책들이 책장에 많이 꽂혀 있는데, 내가 기억하는 건 단지 '이런 제목의 책을 눈으로 본 적이 있다.' 딱 거기까지다. 대체 어떤 메시지를 강조하고 있었는지조차 가물가물하고, 완전 새것 같은 그 책들을 들춰보면 '세상에, 이런 내용이었어?' 하며 놀란 적도 많다. 그만큼 나는 책을 많이 읽는 사람처럼 보이고 싶다는 허영에 사로잡혀 속은 전혀 차지 않은 그런 생활을 했던 것이다. 한때 긍정과 감사에 배신당했다고 몸서리를 쳤지만, 사실은 가짜 긍정과 가짜 감사에 호되게 내동댕이쳐졌던 것이다.

그런데 이 경험 덕분에 책은 '한 번 읽을 때와 두 번 읽을 때가 다르다.'며 같은 책을 몇 번이나 읽었다는 위인들의 말이 이해되었다. 책을 읽고 제대로 실천을 하면서 내 것으로 만들어야 비로소 안다고 할 수 있음을 깨달았다. 그렇게 한 권의 책을 읽고 실천하기 시작하면, 잘하고 있는지 의문도 생기고 중간중간 힘든 일이 생길 때마다 그 책을 다시 펼쳐봐야 하는 경우가 생긴다. 그럴 땐 다시 읽으면서 전에 발견하지 못했던 새로운 메시지를 발견하여 깨닫고, 다시 삶에 실천해보는 선순환이 생기는 것이다.

이제는 같은 강의도 여러 번 듣는 것을 즐기고 있다. 확실히 두세 번 들을 때 와 닿는 것이 다르다. 점점 마음으로 이해가 되니, 실제로 삶에 적용하는 것이 많아진다. 한번은 내가 같은 강의도 들을 때마다 새롭게 배우는 게 많은 것 같다고, 앞으로도 기회 될 때마다 계속 들어야겠다고 강사님께 말씀드렸다. 강사님은 그런 생각을 하는 사람은 10퍼센트도 안 된다고, 다들 한 번 들으면 다 안다고 생각해서 그들의 삶에 변화가 잘 생기지 않는다고 하셨다. 그 말에 너무나 공감했다.

나도 영어를 가르치는 강사생활을 오래 했다. 어른부터 아이까지 다양한 연령층을 가르쳤다. 특히 아이들은 그냥 뭐든지 다 안다고 일단 대답하고 보는 경향이 강하다. 하지만 아이들에게 그럼 설명해보라고 하면 제대로 설명하는 학생은 드물다.

그럴 때마다 "거봐, 넌 안다고 착각한 거야. 그냥 예전에 배웠다는 사실만 알고 있는 거지, 이 내용을 제대로 아는 건 아니야. 네가 네 말로 설명할 수 있어야 하고, 그걸 적용해서 문제를 직접 풀 수 있어야 해. 오답인 것은 왜 그것이 오답인지까지 설명할 수 있어야 네가 안다고 말할 수 있는 거야!"라고 말하곤 했다.

부끄럽게도 나도 제대로 아는 그런 삶을 살지 못했다. 하지만 감사편지를 쓰면서 왜 좋은 책은 여러 번 읽어야 하는지, 그리고 안다라는 의미가 어떤 것인지를 깨닫게 되는 큰 수확을 얻었다. 덕분에 나는 내 삶을 더 나은 방향으로 발전시키게 되었다. 정말 생각지도 못한 엄청난 교훈이다.

감사편지를 쓰자
나와 세상이 변하기
시작했다

내 언어를
돌아보게 되다

'말이 바뀌면 사고가 바뀐다. 사고가 바뀌면 행동이 바뀐다. 행동이 바뀌면 인생이 바뀐다'는 말을 들어보았을 것이다.

긍정적인 말을 하는 것이 중요하고, 긍정적인 말을 많이 해야 한다는 것은 누구나 알고 있다. 하지만 문제는 말이라는 것은 뱉고 나면 사라져버려서 내가 무슨 말을 하는지 잘 인식하지 못한다는 것이다. 말을 할 때 자신이 어떤 언어습관이 있는지 알지 못하고 있다가 주변 사람이 해주는 말을 듣고 놀라는 경우도 많다. 긍정적인 말을 많이 한다고 생각했는데 실상은 그렇지 않은 경우도 많다. 자신도 모르게 비속어를 쓰는 경우도 비일비재하다.

나는 기업체에서 OPIc이라는 영어 말하기 평가를 위한 수업을 할 때, 학생들에게 항상 자신의 답변을 녹음하도록 했다. 그러면 학생들은 "저는 제가 '음… 어….'를 이렇게 많이 쓰는 줄 몰랐어요. 그동안 왜 급수가 제대로 안 나왔는지 잘 알겠네요."라고 말한다. 굳이 내가 알려주지 않아도 스스로 녹음한 것을 들어보면 다들 자신들의 약점을 내가 말해주지 않아도 너무나 잘 파악한다.

현장에서 강사들은 그 자리에서 질문을 듣고 피드백을 해주는 방법을 많이 쓰는데, 이 방법은 그다지 효과가 없다. 일단 말을 듣는 순간 '그래, 그렇구나.' 하더라도 시간이 지나면 학생들의 머릿속에서 사라지기 때문이다. 또는 지적해주는 내용을 전혀 공감하지 못하는 경우도 많다. "제가 그렇게 말했다고요? 그렇게 쉬운 어법을 틀리게 말했다고요?"에서부터 "제가 그런 습관이 있다고요? 저는 이런 점이 제 약점이라고 생각했는데요."라고 말하며 결국은 똑같은 실수를 반복한다. 하지만 자신이 녹음한 것을 받아쓰게 하고, 스스로 고치게 하면 나쁜 버릇을 금방 고친다.

나도 경솔한 단어 사용으로 지적을 받은 적이 있다. 영어유치원에 원장으로 재직 중일 때, 어느 날 이사님이 말씀하셨다.

"원장님이 어떤 단어를 쓰셨는데, 그게 어머님들이 듣기에 조금 부적절하다고 느끼셨나 봐요. 너무 친한 사이에 쓰는 단어들을 썼다고. 어머님들을 격식 없이 대하는 것도 좋지만, 너무 편하게 대하는 것도 좋지 않은 것 같아요."

나는 매우 당황했다. 내가 언제 학부모들께 경솔한 단어를 썼는지 도무지 알 수 없었기 때문이다. 학부모들이 말을 지어낸 것은 아닐 테고, 분명 내가 실수를 했을 텐데 그게 무엇인지 알 길이 없어서 답답했다. 그 뒤로 나는 말을 할 때마다 신경이 쓰였다. 하지만 그러면서 또 순간순간 말실수를 하게 되는 나를 발견했다.

오래 강의를 하다 보니, 학생들을 너무 친근하게 느끼게 되는 경우가 있다. 그럴 때는 순간 '아! 이건 내가 좀 실수했네.'라고 생각한다. 이렇게 의식이라도 하면 다행이지만, 분명 의식조차 못하고 실수하는 경우가 꽤 많았으리라 생각하면 아찔하다.

다행히 감사편지는 글로 적으니 고칠 수 있다. 나는 대부분은 쓸 내용을 미리 타이핑하고 다시 읽어보고 고쳐 쓰곤 한다. 평소 하는 말보다 더 신경 써서 예의 바른 표현으로 적었다고 생각했는데도 다시 보면 '아니, 내가 이런 단어를 썼네. 아, 이건 좀 오해할 수 있을 것 같아. 이건 좀 너무 친한 사이에 쓰는 말 같아.' 하고 나도 몰랐던 실수를 발견하게 된다. 또 나도 모르게 같은 단어를 반복한다는 것도 깨달았다. 이렇게 타이핑했던 것을 다시 읽어보면서 수정했다. 그리고 그것을 보고 손으로 쓰면서 컴퓨터 화면으로 봤을 땐 미처 몰랐던 실수들을 한 번 더 수정할 수 있었다.

그렇게 몇 번의 단계를 거치면서 자연스럽게 단어 선택에 더욱 신중하게 되었다. 나는 부정적인 언어를 안 쓴다고 생각했었는데 나도 모르게 툭툭 내뱉는 단어들이 많음을 알게 되고, 그렇게 나의 언어

습관을 돌아보게 되었다.

물론 '아니, 뭐 이렇게 복잡하게 써? 시간 너무 오래 걸리는 것 아니야?'라고 생각하는 사람도 있을 것이다. 내가 했던 방식대로 하지 않아도 된다. 그런데 실제로 해보면 이 모든 과정이 그리 오래 걸리지 않는다. 그리고 감사편지를 쓰면 쓸수록 단어 선택이나 문장을 만드는 것에 자신감이 붙는다. 굳이 여러 번 보고, 수정하고 그렇게까지 할 필요는 없다. 다만 막상 써보면 쓸 말을 미리 간단하게 메모해보거나 타이핑 해놓고 고쳐 쓰는 것이 할 말이 막혀서 고민하거나 자꾸 틀려서 수정하느라 걸리는 시간을 훨씬 단축해준다는 것을 이해하게 될 것이다. 무엇이든 하면 는다. 하다 보면 자신만의 스타일이 생겨서 한 통을 쓰는데 10~20분이면 충분하다. 카드나 쪽지는 더 빨리 쓸 수 있다.

감사할 줄 아는 아이,
좋은 말은 전염된다

〈카네기 행복론〉이란 책을 보면 우리가 감사를 가르치지 않았다면 자식들이 우리에게 감사하기를 기대해서는 안 되며, 감사하는 생각이 두터운 자식으로 기르기 위해서는 부모가 먼저 감사하는 마음을 깊이 가지고 말을 조심하며 특히 아이 앞에서 남의 친절을 흠잡는 말을 해서는 안 된다고 한다. 작은 선물이라도 받았을 때 '정말 고맙구나, 인사편지라도 보내자.'는 식으로 말한다면 아이들은 은연중에 칭찬과 감사하는 습관을 지니게 된다. 이 책은 3가지 법칙을 제시하고 있다.

망은에 대해 원망하는 감정의 고민을 배제하기 위한 세 가지 법칙

1. 은혜를 모른다고 고민하기보다는 차라리 그것을 예상하라. 예수는 하루에 열 명의 나병 환자를 고쳐 주었지만, 감사한 이는 그 중에 단 한 사람뿐이었다는 것을 기억하라. 예수 이상으로 감사받기를 기대한다는 것은 무리가 아니겠는가?

2. 행복을 찾는 유일한 방법은, 감사를 바라지 말고 주는 기쁨을 위해서만 주는 것이다.

3. 감사하는 마음은 배양된 특성이다. 그러므로 감사한 생각을 가지게 하려면 그것을 가르쳐주어야만 할 것이다.

- 〈카네기 행복론〉 중에서

감사편지를 쓰면서 내 언어습관이 많이 좋아졌다고 생각했는데, 정말 충격적인 일이 생겼다. 우리 아이가 어느 날부턴가 "아이 씨!"라는 말을 하기 시작한 것이다. 바쁜 와중에 아이가 장난을 치거나 칫솔을 떨어뜨리거나 하는 실수를 하면 나도 모르게, "아이 씨! 라는 내뱉었던 것이다.

지금도 그때 기분을 떠올리면 섬뜩하다. 감사편지를 쓰면서 여러 가지 효과에 고무되어 있었음에도 아이 앞에서 못난 언어습관을 보여주었던 것이다.

그날부터 나는 당장 말을 고치기로 마음먹고 실천했다.

"아니 이런! 아이 진짜!" 이 정도로 순화시켰다. 처음에는 어색했

다. 내가 바뀌는 건 아니기 때문에 그럴수록 더더욱 긍정적인 말을 쓰려고 노력했다. 그리고 의식적으로 "감사합니다"라는 말을 많이 하기 시작했다. 아이 있는 데서 "감사해요. 감사해요. 감사해요." 하며 생각나는 멜로디에 흥얼거리기도 하고, 어린이집에 가기 위해 현관문을 나설 때면 "오늘도 우리 아이 안전하게 재미있게 잘 놀고 와서 감사합니다! 친구들과 선생님들과 즐겁게 지내고 와서 감사합니다!" 하면서 거울을 보고 인사한 다음 하이파이브까지 하고 나섰다. 그렇게 의식적으로 노력하니 어느새 아이도 더는 "아이 씨!"라는 말은 쓰지 않게 되었다.

아이는 부모의 거울이다. 아이가 잘못된 행동이나 말을 한다면 분명 부모가 그런 부분을 보여주었기 때문이라는 것을 뼈저리게 느꼈다. 그리고 한두 번 좋은 행동을 보여주고는 "왜 안 고쳐져?" 하고 다그쳐선 절대 안 된다. 잘못된 것을 고치기 위해서는 몇 배의 시간을 들여야 한다. 그러니 처음부터 좋은 언어습관을 들이는 게 참으로 중요하다.

우리 아이는 요즘 마음에 안 드는 것이 있으면 이렇게 말한다.

"아이 참, 엄마는 그것도 모르고! 나는 이거 하고 싶었는데." 하고 핀잔을 주기도 하지만 그래도 감사하다.

가끔 우리 아이가 혼자 손뼉을 치면서 "감사해요, 감사해요, 감사해요." 하고 노래 부를 땐 너무나 사랑스럽고 감사할 뿐이다.

어느 날이었다. 어린이집 등원 전에 아침을 먹고 있는데 아이가 갑자기 밥과 반찬을 보며 "고마워~ 사랑해~!" 하는 것이 아닌가. 나는 정말 감동했다. 그래서 마구 칭찬해주었더니 한 입 먹을 때마다 "고마워~ 사랑해~!"라고 해서 평소보다 시간이 엄청 지체된 적이 있다. 하지만 상관없었다. 밥과 반찬에게도 고맙다고 말하는 우리 아이가 나는 너무 신기하고 감동일 뿐이었다. 평소에 사물에게도 감사하려 노력하고, 아이에게도 물건들을 함부로 다루지 못하도록 자주 이야기하곤 했는데 우리 아이도 점점 그렇게 변해가는 것을 보니 감개무량할 따름이다. 아이에게 강요하기보다 아이와 있을 때 감사편지를 쓰기도 하고, 감사하다는 말을 자주 하는 모습을 보여주었더니 효과가 나타났다.

모든 부모는 자신의 아이가 감사할 줄 아는 사람으로 자랐으면 좋겠다고 말한다. 긍정적이고 행복한 사람으로 자라길 바란다. 하지만 그 전에 우리가 명심해야 할 것이 있다. 〈카네기 행복론〉에서도 말했듯, 아이들이 감사한 마음을 가지게 하려면 부모가 먼저 그런 생활을 하고 가르쳐주어야만 한다. 다른 이의 선물이나 도움에 감사편지를 쓰는 모습을 보여준다면 아이들은 자연스럽게 감사할 줄 아는 행복한 아이로 자랄 것이다. 그러니 '우리 아이는 왜 그렇지?'라고 생각하기보다 먼저 감사하고, 나아가 감사편지 쓰는 모습을 보여주자. 그리고 습관으로 만들기 바란다. 그러면 분명 아이는 당신이 생각하는 것보다 훨씬 더 긍정적이고 감사하는 사람으로 자라줄 것이다.

우리 남편은 자상하고 가정적이다. 하지만 하나 단점이 칭찬받는 건 엄청 좋아하면서 나에게는 칭찬에 인색한 것이었다. 그래서 때로는 나도 똑같이 수고했는데 혼자만 칭찬받으려는 모습이 알미워서 칭찬 대신 핀잔을 준 적도 많고, 심지어 왜 나만 칭찬해야 하냐며 유치하게 따져 물은 적도 있다. 그런데 감사편지를 쓰면서 그런 마음을 다 내려놓았다. 그냥 무조건 남편을 칭찬하고, 내가 칭찬받고자 하는 마음을 버렸다. 왜? 대가 없이 편지를 쓰기로 했으니까.

나는 종종 남편에게 감사카드나 쪽지, 편지 등을 번갈아가며 썼다. 남편의 반응이 어떻든 나는 묵묵히 내 감사편지만을 전했다. 그런데 어느 날부턴가 남편이 내가 그렇게 듣고 싶었던 말을 해주기 시작했다. 한 번씩 "우리 부인 고생했네. 잘했어."라며 나를 칭찬해주는 일이 늘어나기 시작했다.

또 남편은 말을 부정적으로 해야 상황이 잘 풀린다는 이상한 믿음이 있었다. 그래서 원하는 일이 있어도 "어차피 안 될 거야!"라는 식으로 말하는 경우가 많았다. 말의 힘을 믿는 나는 그것이 정말 이해가 안 되고 마음에 들지 않았었다. 그런데 언제부턴가 남편도 점점 "당신은 운이 정말 좋은 것 같아." "당신은 운이 좋으니까 이번에도 잘 될 거야!"라는 식으로 부쩍 긍정적인 말을 많이 하게 되었다. 나아가 내게 감동적인 말들을 쏟아내기에 이르렀다.

어느 날 인터넷에서 본 백팩이 너무 가지고 싶어 밑져야 본전이라는 생각으로 남편에게 전화해서 생일선물로 사주면 안 되겠냐고 했더니 흔쾌히 그러라며 바로 입금을 해주는 것이었다. 나는 너무 기뺐다. 그런데 그것이 끝이 아니었다. 퇴근 후 돌아온 남편이 갑자기 그러는 것이다.

"내가 왜 당신 가방 사달라고 했을 때 바로 알았다고 한 줄 알아? 사실 오늘 기사로 유명 여자연예인의 집을 봤는데 정말 으리으리하더라구. 그러면서 문득 당신 생각이 나는 거야. 어떤 여자는 그렇게 으리으리한 집에 사는데 우리 마누라는 돈 없는 남자 만나서 이렇게 살고 있구나. 남의 집 귀한 딸 데리고 와서 이런 집에서 고생만 시키고 있구나. 이런 생각이 들어서 당신한테 미안한 생각이 들었어. 그런데 조금 있다가 당신한테 전화가 온 거야. 가방 너무 갖고 싶다고. 그래서 그런 으리으리한 집에 살게 해주지는 못할망정, 가방 하나도 못 사주면 내가 너무 못난 놈 같이 느껴져서 흔쾌히 사라고 한 거야."라는 것이 아닌가.

그렇게 "긍정적인 언어 좀 써라. 나도 좀 칭찬해 달라."고 부탁해도 버티던 남편이 이렇게 말하니 나도 모르게 감동의 눈물이 주륵주륵 흘렀다. 지금 이 글을 쓰면서도 또 그때의 감동이 밀려와 벅차오른다. 결과적으로 그 돈은 결국 생활비로 다 써버리고 말았지만, 그때 남편의 감동적인 말 한마디가 내겐 더 큰 선물이 되었다.

좋은 습관이
생기다

습관은 '제2의 천성'이라고 불릴 만큼 인생에서 중요한 부분을 차지한다. 작은 습관들이 모여 한 사람의 일생을 결정한다 해도 과언이 아니다. 그래서 좋은 습관을 많이 만드는 것이 중요하다.

내게도 오랫동안 가지고 있던 습관들이 있었다. 그중 하나가 무엇이든 몰아서 하기였다. 몰아서 자기, 몰아서 먹기, 몰아서 사람들 만나기, 몰아서 TV 보기 등. 돌이켜보면 나는 꾸준히 한 가지를 하는 성격이 못 되었다. 호기심이 많아 이것저것 배우는 것을 좋아하는 것 같으면서도, 그렇게 몰아서 여러 가지를 배우다가 이도 저도 안 되었던 경우도 많다.

'매일 꾸준히, 조금씩'의 힘을 알지만 난 전혀 실천하지 못했다. 그중 하나가 메모였다. 여러 책을 굳이 인용하지 않더라도 메모가 중요하다는 사실은 다들 알고 있다. 그런데 뜻밖에 메모를 꾸준히 잘하는 사람은 드물다.

나도 메모에 관련된 책을 읽고 메모 습관을 들이려 한 적이 있었다. 나는 기계치였기 때문에 기계를 이용해서 메모하는 건 엄두를 못 내서, 항상 노트에다 끼적이거나 고작해야 포스트잇으로 여기저기 붙여놓는 것이 다였다.

그런데 감사편지를 쓰면서 내가 얼마 만에 365통을 쓰게 될지 궁금했다. 처음에는 하던 대로 노트에 감사편지를 전달한 날짜를 적고, 누구에게 주었는지 정도만 기록했다. 그러다가 노트에 기록하니, 노트가 안 보이면 그냥 보이는 아무 노트에 적기도 하고 아니면 컴퓨터에 저장하기도 했다. 그러자 두서없이 여기저기 흩어지게 되어 내가 얼마나 쓰고 있는지 파악하기가 힘들어졌다.

나는 그제야 처음으로 스마트폰의 메모앱 기능에 관심을 가지게 되었다. 대단하지 않은가? 2015년이 되어서야 스마트폰의 메모앱을 쓰기 시작한 것이다! 스마트폰을 가지고 있으나 나란 사람은 전혀 스마트하지 않았기에 딱 전화를 걸고 받는 용도, 학생들의 과제를 첨삭하고 보내는 메일 기능 정도만 이용했었다. 그랬던 내가 메모앱을 써보니 참 편리했다. 이래서 사람은 문명의 이기를 활용해야 하는구나 싶었다.

일단 가장 간단해 보이는 무료 앱을 설치했다. 그리고 단순하게 사람들의 이름과 날짜만 기록했다. 그러다가 시간이 지나면서 내가 이 사람에게 왜 감사편지를 주었는지 기억이 가물가물해지는 것을 발견했다. 이래선 안 되겠다 싶어 왜 주었는지, 무엇과 함께 주었는지 등을 기록하기 시작했다.

그러다 보니 점점 메모의 효과에 빠지게 되었다. 과거에 나는 책을 읽고 독서후기 쓰기를 즐겼다. 그런데 노트에 좋은 구절을 일일이 베껴 적는 것도 힘들고, 쓰다 보면 자꾸 길어져서 시간을 너무 소비하는 것 같아 나중에는 독서후기를 쓰지 않으려고 책을 끝까지 읽지 않는 경우가 생길 정도였다. 그런데 휴대폰에 적는다 생각하니 처음부터 길게 쓸 생각조차 하지 않게 되었다. 다 읽고 나서 읽었다는 흔적 정도를 남기기 위해, 이 책이 무엇에 관한 책이었다 정도는 파악할 수 있게 몇 줄로 메모하기 시작했다.

조금 더 지나 사진도 함께 저장할 수 있는 메모앱을 쓰게 되면서 순간순간 일상의 감사한 것들을 찍어서 메모를 함께 남기기도 하고, 책을 읽고 사진도 같이 찍어 기록하기 시작했다. 텔레비전을 보다가 좋은 정보나 글귀가 보이면 적기 시작했다. 그런 식으로 하나씩 메모장이 쌓이면서 나는 점점 기록하는 것들이 많아지게 되었다. 누구한테 편지를 쓰고, 언제 주었는지 정도를 기억하기 위해서 쓰기 시작한 메모가 그렇게 늘어난 것이다.

그렇게 기록의 중요성을 알게 되고, 또 항상 손편지를 쓰다 보니 어느 순간 필사라는 것도 해보고 싶어졌다. 필사책이 많이 나오고 있지만, 딱 마음에 드는 필사책을 발견하지 못했었다. 필사를 하는 것은 어려울 것이다, 지루할 것이라는 막연한 선입견도 있었다. 그리고 베껴 쓰는 것에서 끝나는 것이 아니라, 그 뒤에 '나만의 생각'과 '깨달은 점'을 적어야 한다는 것이 큰 부담이었다.

그러다가 나는 부담 없이 시작할 수 있는 〈뜨겁게 나를 응원한다〉 라는 완벽한 필사책을 발견했다. 감사편지를 쓰면서 손글씨를 쓰는 것에 대한 부담이 줄었고, 또 메모하면서 내 생각을 짧게라도 기록하는 습관이 생기다 보니, 필사하고 이어서 내 생각을 적는 것이 전혀 어려움 없이 다가왔다. 부담을 느끼지 않다 보니 하루도 빼먹지 않고 할 수 있었다.

그러다가 어느 날 〈3개의 소원 100일의 기적〉이라는 책을 발견했는데, 제목 그대로 3개의 소원을 100일 동안 매일 잠자기 전에 쓰는 것이 핵심이었다. 아주 간단하면서도 원리가 너무 설명이 잘 되어 있어 나는 당장 실행하기로 마음먹었다.

어느덧 나는 마음이 끌리면 당장 시작하고 보는 습관까지 갖게 되었다. 그 책에서 말하길 1분 정도밖에 안 걸리는 이것을 실제로 해내는 사람은 생각보다 드물다고 한다. 나도 100일 동안 꾸준히 하루도 빠지지 않고 한다는 것이 생각보다 너무 힘들게 느껴졌다. 하지만 나는 이미 매일 기록하는 것에 익숙해져 있는 상태였고, 필사도 막 시작했는데 부담이 없었기에 해낼 수 있다는 확신이 있었다. 막상 해보니, 아이를 재우고 난 뒤에 졸음을 이겨내고 다시 앉아서 쓴다는 것이 생각보다 힘들었다.

그래서 나는 굳이 이것을 잠들기 직전이 아닌, 아이를 재우러 가기 전이나 저녁 시간 틈이 날 때 쓰고 아이와 함께 편하게 잠드는 방법을 선택했다. 전에는 고리타분하게 책을 읽으면 그대로 따라 하려고 해서 아예 하나도 제대로 못 하고 포기한 적이 많았다. 그런 성격 덕분에 학창시절은 무난하게 잘 보낼 수 있었지만, 사회에 나오니 그런 점들이 걸림돌이 된 적도 많았다. 하지만 감사편지를 쓰면서 어떻게든 365통을 채우기 위해 노력하다 보니 매일 한 통씩이라는 것을 굳이 지키지 않아도 된다는 것을 깨달았고, 내 상황에 맞게 변형해서 당장 뭐라도 해보는 것, 그리고 꾸준히 하는 것이 더 중요하다는 것을 체험으로 알 수 있었다.

감사편지를 처음 시작할 때의 마음처럼, 내가 처한 상황에서 일단 할 수 있는 것부터 시작하는 습관이 생긴 것이다. 나는 이것이 기시미 이치로의 〈미움받을 용기〉에서도 강조했던 '자기수용'이라는 개념인 줄 나중에 알게 되었다. 그리고 이것이 행운을 활용하는 능력을 갖추는데도 아주 중요한 태도라는 것도.

"변할 수 있는 것과 변할 수 없는 것을 구분해야 하네. 우리는 태어나면서 주어진 것에 대해서는 바꿀 수가 없어. 하지만 주어진 것을 이용하는 방법은 내 힘으로 바꿀 수가 있네. 따라서 바꿀 수 없는 것에 주목하지 말고, 바꿀 수 있는 것에 주목하란 말이지. 내가 말하는 '자기수용'이란 이런 거네."

- 〈미움받을 용기〉 중에서

어느 날 나는 내 언어습관이 변했다는 것을 확실하게 깨닫는 일을 경험했다. 퇴근하고 집에 오는 길에 시어머님의 다급한 전화를 받았다. 아이가 저녁 먹다 생선 가시가 목에 걸렸는지 목을 가리키며 계속 운다고 빨리 오라고 하셨다. 전화 너머로 아이가 자지러지게 우는 소리가 들렸다. 마침 막 집 근처 지하철역에 내린 터였기에 나는 전력질주를 했다.

그리고 나도 모르게 너무나 간절하게 "운이 좋다! 운이 좋다! 감사해요! 감사해요!"를 외쳤다. 누가 보면 미쳤다 했을 수도 있다.

〈부자의 운〉이라는 책에서 운을 좋게 만들고 싶으면 그저 '운이 좋다'고 말하면 된다고, 나쁜 일이 생겨도 일단 운이 좋다고 외치면 신기하게도 상황이 진짜 좋게 돌아간다는 내용을 읽은 뒤로 바로 실천하기 시작한 새로운 습관이다.

감사편지를 쓰기 시작하면서 언제부턴가 책을 읽고 한 가지 실천할 거리를 찾으면 바로 실천하고 꾸준히 실천하는 습관이 생겼다. 이것도 그중의 하나였다.

나쁜 상황이 닥쳐도 걱정하기보단 정신을 차리고 꼭 좋아지리라 믿으며 이렇게 중얼거리거나 흥얼거리는 것이다. 그래서 집으로 오는 내내 당연히 아무 일 없을 거라며 간절하게 저 말들을 흥얼거렸다. 다행히 아이는 진짜로 가시가 목에 걸린 건 아니었다. 집으로 돌아와 달래주자 울음을 그치고 평소의 장난기 많은 아이로 돌아와 주었다.

나는 이 경험으로 다급한 와중에도 당황하지 않고 '운이 좋다, 감사합니다.'를 나도 모르게 외쳤던 내 모습에 정말 놀랐다. 그저 괜찮은 것 같으면, 도움이 될 것 같으면 일단 해보는 습관이 이런 식으로 힘을 발휘했다는 사실에 놀랄 수밖에 없었다.

예전의 나 같으면 '왜 하필 또 그런 일이 생겼나, 진짜 가시 박힌 거면 어떡하지, 이 시간에 응급실에 가면 더 고생할 텐데!' 하면서 당장 걱정해도 소용없는 것들을 미리 걱정하며 부정적인 생각으로 빠져들었을 것이다. 하지만 나는 내가 할 수 있는 아주 간단한 것들을 해보면서 나도 모르게 좋은 습관을 만들고 있었고, 그러다 보니 정말로 안 좋은 상황이 닥쳤을 때도 좋은 결과로 이어지는 경우가 많아졌다.

또 이런 경험이 쌓이다 보니, 무엇이든 '과연 될까?'라는 생각을 하기 전에 '일단 해보자.'하고 실행에 옮기는 것이 많아졌다. 그러다 보니 꾸준히 실천하게 되는 좋은 습관이 더욱 많이 생기게 되었다. 이젠 혹시나 얼마 하다가 그만두게 되는 일이 생겨도 전혀 개의치 않는다. 내가 꾸준히 못 하는 것을 하나 발견한 것만으로도 충분히 감사하고 만족한다.

그리고 나는 이런 나의 일련의 과정들을 완벽하게 설명하고 있는 〈나는 고작 한번 해봤을 뿐이다〉는 책을 보면서 내가 왜 감사편지를 쓰면서 성장할 수밖에 없었는지, 계속 무엇이든 행동으로 옮길 수밖에 없었는지를 더욱 잘 알게 되었다.

나는 끊임없이 뭔가를 해내면서 계속해서 '성공'과 '성취'의 느낌을 맛보았던 것이다. 그리고 그것들은 나를 더 큰 목표로, 더 큰 행동으로 이끌었다.

내가 과연 감사편지를 쓰지 않았다면, 원래 하던 대로 책만 보면서 실천하려 했다면, 1년 남짓한 기간 동안 내가 이렇게 좋은 습관들을 많이 만들 수 있었을까? 이렇게 많이 변화했을까 하고 스스로 물어본다. 언제나 나는 이 모든 것이 감사편지를 썼기에 내가 노력하는지조차 모르는 사이에 좋은 습관을 들이게 된 것이라고 자신 있게 말할 수 있다.

감사편지는
운도 변화시킨다

한 남자가 인생 역전을 원했다. 그래서 매일 새벽 신에게 기도
했다.

"신이시여. 미천한 인생이지만 한 번만 도와주십시오. 늙은 어
머니는 병이 들었고, 아내와 아이들은 배고픔에 시달리고 있습
니다."

그는 10년이 넘도록 기도를 했다. 하지만 그에게 좋은 일은 일어
나지 않았다. 어머니는 병으로 숨졌고 아내는 아이들을 버린 채
집을 나가버렸다. 남자는 신을 원망했다.

"제가 그토록 간절히 기도했건만 소원을 들어주기는커녕 응답조

차 없군요. "

그때 신의 목소리가 들렸다.

"내가 비록 신이지만 너를 도울 방법은 없었다. 너는 10년 동안 무엇을 했느냐. 부자에게 찾아가 일자리를 달라고 해본 적이 있느냐. 아니면 복권이라도 사본 적이 있느냐."

성공한 사람들의 첫 번째 차이는, 행운을 맞이하기 위해 밖으로 나간다는 점이다.

사람들을 만나 어울리며 다양한 정보를 수집한다. 앉아서 기다리며 오지 않는다고 불평하지 않는다. 그들은 운이 좋지 않은 시기에도 부지런히 움직인다.

– 세상에서 가장 힘이 센 운의 비밀 〈보이지 않는 차이〉 중에서

나는 육아우울증이 심해서 무기력하게 일 년 넘게 아기와 집에만 있었다. 짐을 챙기고 유모차를 끌고 나갔다가 돌아와서 다시 아기를 씻기고 짐을 푸는 이런 과정을 생각하는 것만으로도 지쳐서 아예 나가지를 않았다. 하루를 버티고 나면 또 똑같은 일상이 반복된다는 생각에 밤에 잠들기가 무서울 정도였다. 그저 하루하루를 버티다 보니 어느새 일 년이란 시간이 지나가 버렸다.

그 때문인지 아이는 낯가림이 너무 심해 할머니 이외에는 자주 보는 이모인데도 볼 때마다 경기를 일으키듯 자지러지게 울곤 했다. 택배가 그렇게 자주 오는데도, 택배 아저씨만 봐도 자지러지게 울어

대었다. 분명 내 영향이었다.

감사편지를 쓰고자 결심한 뒤부터는 이왕이면 직접 주자고 생각했기 때문에 사람들을 만나야만 했다. 일을 쉬던 시기여서 당시 인간관계는 매우 좁았다. 그런데 조금씩 세상 밖으로 나오기 시작했고, 새로운 사람들에게 편지를 쓰게 되었다. 그리고 더 적극적으로 강의와 강연도 들으러 다니면서 점점 인맥도 넓어졌다. 새롭게 알게 된 사람들에게 좋은 조언을 많이 들었고, 무엇보다 좋은 에너지를 받으면서 나도 점점 더 그들처럼 변화해갔다. 아니 그들의 장점을 흡수해서 더 나은 나로 변화해갔다는 말이 맞을 것이다.

물론 우편으로 보낼 수도 있었지만, 어차피 우표를 사러 나가거나 우체통을 찾아서 넣는 것이나 수고스럽기는 마찬가지라고 생각했다. 더군다나 우체통이 과연 집 근처에 있는지도 전혀 알 수가 없었다. 평소에 길가의 우체통이 있는지 관심을 두는 사람이 요즘 세상에 얼마나 되겠는가. 나 같은 경우 집에 우편함을 거의 확인하지 않는다. 모든 공과금은 자동납부로 되어 있어 굳이 지로 용지를 볼 필요도 없고, 정말 중요한 서류는 등기로 받으니 우편함에 쌓여 있는 것들은 내겐 그저 의미 없는 종잇조각에 불과했다. 가끔 남편이 한 뭉치씩 들고 와서 내 이름이 적힌 것들을 주곤 했지만, 그중에 어차피 이메일로도 받는 카드 명세서나 세금 고지서 이외의 그 어떤 특별한 것도 발견한 적이 없었다.

그래서 내가 만약 감사편지를 그냥 우편으로 보낸다면 그 사람이 전혀 알지 못한 채 우편함에 잠자게 될 확률이 너무나 높다고 생각했다. 〈기적의 손편지〉라는 책에서 보면, 수많은 손편지나 엽서를 보냈지만, 잘 받았다는 연락을 받은 경우가 10퍼센트 정도에 지나지 않았다고 밝힌 것을 보면, 분명 인사를 하지 못한 사람 중에는 우편함에 그런 손편지가 있을 것이라는 상상조차 못하고 발견하지 못한 이들도 있을 것이다.

그래서 선물과 함께 택배 상자 안에 편지를 넣어 보내는 경우가 아니고서는 웬만하면 얼굴을 보고 직접 주기로 한 것이었다. 그런 사소한 생각이 나를 세상 밖으로 끌어내고, 나아가 적극적인 행동을 사람이 되게 할 줄은 상상도 못했다.

책에서 우울할수록 더 많은 사람을 만나러 다니라는 메시지들을 본다. 하지만 우울하면 한 발자국을 내딛는 것도 힘들다. 우울했던 시기에 나는 그야말로 사람들의 좋은 기분마저 우울하게 만들어버리는 '에너지 뱀파이어'였다. 한때는 긍정과 감사의 대명사였던 내가 그렇게 부정적으로 변해버리자 사람들이 어쩌다 그렇게 되었느냐는 반응을 보일 때면 이야기로 스트레스를 푼다는 핑계로 실컷 신세 한탄을 하는 내가 그렇게 못나 보일 수 없었다. '아, 괜히 얘기했네. 그냥 겉으로라도 좋은 척, 행복한 척할걸.'이라는 후회가 밀려오며 더더욱 비참해지고는 했다. 그래서 점점 더 사람들과 연락을 하지 않게 되었다.

하지만 감사편지를 쓰면서 만나는 사람들이 자연스럽게 많아지기 시작했다. 한 통 한 통 편지를 전하면서 그들이 기뻐하는 모습에 나도 기분이 좋아졌고, 잃어버렸던 긍정 에너지를 되찾는 느낌이었다. 무엇보다 편지를 한 통씩 전할 때마다 그 성취감은 상상 이상으로 컸다. 그러면서 나도 모르게 조금씩 적극적인 사람으로 변화했다.

'우울함을 극복해야지'라는 생각조차 없이, 오직 감사편지를 전해야겠다는 생각만 하다 보니 다른 걱정은 잊고 오롯이 그것에만 집중하고 있는 나를 발견하게 되었다. 감사편지를 쓴 지 얼마 안 되어 나는 예전의 활기를 조금씩 찾기 시작했다. 초기 몇 통만 썼을 때도 벌써 그런 변화가 느껴져서 놀라지 않을 수 없었다. 그만큼 감사편지의 힘은 상상 이상으로 강력한 것이었다.

무엇보다 신기한 것은 정말로 운이 좋아졌다는 것이다. 나는 당첨운 같은 건 전혀 없다고 생각하고 살아왔다. 100명 중 50명을 뽑는 것에도 나는 들어갈 일이 없다고 생각했다. 내 의지나 노력과 상관없어 보이는 일에는 운 자체를 바라지 않았던 것 같다. 그러니 이벤트 응모 따위는 내 인생에서 전혀 고려 대상이 아니었다.

그런데 감사편지를 쓰기 시작하면서 나도 모르게 한번 해볼까 하는 마음에 응모했던 것들이 당첨되기 시작했다. 작게는 음료 이용권부터, 내가 가지고 싶었던 책이 당첨된다든가, 크게는 응모인원이 거의 2천 명인 가운데 20만원이 넘는 기계를 주는 이벤트에 당첨되기도 했다. 신기하게도 응모할 때 왠지 당첨될 것 같은 느낌이 들었다. 그리고 실제로 당첨이 되었다.

당장 안 풀리는 일이라도 금방 잘되거나, 더욱 좋은 방향으로 흘러가는 일이 자주 생겼다. 보통 사람들은 나쁜 일이 생기면 온종일 그 생각만 한다. 아침에 차를 놓쳐서 지각하게 되고 상사에게 꾸지람까지 듣게 되면, '아, 짜증 나. 그 차만 안 놓쳤으면….' 하는 식으로 별것 아닌 것 때문에 하루를 재수 없는 날로 만들어버린다.

하지만 나는 이제 재수 없어 보이는 일을 겪어도 개의치 않게 되었다. 그리고 정말로 내 인생은 점점 잘 풀려가기 시작했다. 컵에 물이 반이 남아 있는 것을 보면서 '물이 반밖에 안 남았네.'와 '반이나 남았네.'라고 생각하는 사람의 인생이 어느 쪽이 더 잘 풀릴지는 굳이 설명하지 않아도 알 것이다.

감사편지는
행운을 가져다준다

"감사할 줄 아는 행운아는 다른 사람에게 더 많은 행운을 가져다 준다. 당신이 만약 인과응보를 믿는다면 타인에게 베푼 행운이 머지않아 당신 자신에게도 돌아올 것이다. 이는 당신이 긍정적인 물결 효과를 일으켰기 때문이다. '감사가 행동으로 옮겨지면' 아무리 미미하더라도 행운의 기적은 눈덩이처럼 불어날 수 있다!"

- 〈행운연습〉 중에서

감사하다고 말할 수도 있고, 또 감사일기를 쓸 수도 있다. 하지만 말은 뱉고 나면 사라진다. 또 감사일기는 혼자 감사거리를 찾아 쓰는 행동에서 그친다면, 감사편지는 감사거리를 찾는 행동(또는 생각), 감사함을 글로 적는 행동 그리고 그것을 상대방에게 전하는 행동이 모두 있어야 가능하다. 그렇기에 감사편지는 감사를 행동으로 옮기는 가장 적극적인 방법이라고 확신한다.

실제로 감사편지를 쓰거나 전하는 날에는 신기하게도 운 좋은 일, 감사한 일이 더 많이 일어나곤 했다. 대학원 때 지도교수님께서 여러 가지로 많은 도움을 주셨었다. 남편도 항상 너무 좋은 분이라며 졸업하고도 자주 찾아뵙고 인사드리라고 누누이 말할 정도였다. 하지만 졸업과 동시에 임신, 출산, 육아를 겪으며 어느새 3년이라는 시간이 훌쩍 지나버렸다.

감사편지를 쓰기 시작하면서 교수님이 종종 생각났지만, 평범한 애엄마가 되어버린 내 모습을 보여드리기 싫었고, 또 그동안 찾아뵙지 않았던 것이 죄송해서 자꾸 미루게 되었다. 그러다가 어느 날 더는 미루지 말자 생각하고 연락을 드렸다.

교수님은 3년 만에 연락한 제자에게 흔쾌히 시간을 내주셨고, 그렇게 점심식사를 하게 되었다. 교수님과 이런저런 이야기를 하면서, 교수님께서 갑자기 내게 도움이 될 만한 세미나가 있다며 소개해주셨다. 교수님께서 맡은 언어정보연구소와 공동으로 주관하는 세미나인데 내 관심분야의 전문가들이 많이 온다면서 알려주셨다. 나는 감사한 마음으로 얘기를 듣고 있었는데 갑자기 "세미나 전에 세미나를 주관하시는 교수님을 뵙고 얼굴도 익히면 더 좋을 거 같아. 내가 자꾸 정신없어서 까먹으니 생각난 김에 그분한테 연락을 드려야겠다." 하시며 바로 전화하셔서 그 교수님께 내 소개를 해주셨다. 그리고 세미나 날에 미리 만나 점심을 먹자고 약속을 잡으시는 것이 아닌가.

나는 교수님께 그동안 감사메일 한 번 제대로 못 쓴 것이 마음에 걸려 짧은 감사카드라도 전해드리고자 찾아뵈었던 것이다. 만나서 내가 이런저런 상황이고 하니 도움을 달라고 부탁한 것도 아니었고, 그럴 생각도 없었다. 그런데 교수님께서 먼저 내가 그간 해왔던 일들, 그리고 내 관심사를 말씀하시며 자리를 만들어주셨다. 그리고 이어서 더 큰 기회도 만들어주셨다.

나는 그런 일련의 과정이 너무 신기하기만 했다. 심지어 교수님은 내가 작은 선물과 카드를 가지고 온 것도 전혀 모르는 상태였다. 교수님은 순수하게 이런저런 조언을 아낌없이 해주시고, 오히려 여러 기회를 주셨다.

감사편지의 가장 특별한 기적 중에 하나가 바로 운이 좋아진다는 것이다. 덕분에 기대하지 않았는데 사람들로 하여금 도움을 받거나 좋은 기회를 잡기도 한다. 하지만 감사편지를 쓰는 대상에게 그것을 조금이라도 기대하고 써서는 안 된다는 점을 다시 강조하고 싶다. 분명 감사편지라는 작은 것을 주고 더 큰 것을 받는 행운을 경험하게 될 것이다. 하지만 반드시 대가를 바라거나 인정을 바라지 말아야 한다. 행운은 언제 어떻게 찾아올지 모르니 행운이다.

나는 자신 있게 말할 수 있다, 감사편지의 다른 말은 행운이라고.

단지 그 행운을 감사편지를 전하는 그 대상에게 바라지만 않으면 분명 행운은 어디선가 끊임없이 찾아올 것임을 확신한다.

감사편지로
사람과 연결되다

몽상이 아닌 꿈을 꾸는 사람과 어울려야 한다.

거대한 목표를 세우고 위대한 일을 이루려는 사람과 가까이하면

우리도 그렇게 된다.

우리가 잠재력을 온전히 발휘하도록 도와줄 사람을 사귀어야

한다.

- 조엘 오스틴

"운명(運命) 중에 명(命)을 바꿀 수 없지만, 운(運)은 바꿀 수 있다."
는 말이 있다. 그리고 그 운을 바꾸는 데 있어 가장 쉬운 방법은 만나
는 사람을 바꾸는 것이라고 한다. 운은 항상 사람을 통해 오기 때문

이다. 당장 이익이 되는 사람들만 만나고 다니라는 말이 아니라, 항상 만나는 사람들 이외에 '새로운 사람들'을 적극 만나고 다니라는 말이다. 그리고 새로운 사람들을 만나기 가장 쉬운 방법은 강의나 강연을 찾아다니는 것이다. 취미 생활 커뮤니티에 가입하는 것도 좋은 방법이겠지만, 강의나 강연장에서 우연히 만나게 되는 사람들은 자신도 변하고자 하는 열정, 배우고자 하는 열정이 가득한 사람들이다. 때문에 그 사람들에 속해 있으면 자신도 그렇게 변해갈 수 있다.

감사편지를 쓰면서 자연스럽게 점점 더 다양하고 많은 사람에게 쓰게 되었는데, 그중 하나가 책의 저자들이었다. 예전에는 책을 읽고 나면 '음, 이 책 괜찮네.' 또는 '이 책은 별로네.' 하는 식으로 넘어갔고, 독서후기를 쓸 때도 딱히 기록하는 것 이상으로 실천한다거나 저자에게 직접 연락해보거나 강연을 들으러 갈 생각은 하지 못했다.

그런데 어느 날부턴가 내게 진심으로 감사한 마음이 쌓이고 있다는 것을 느끼고, 이제는 내 상황을 좀 더 적극적으로 변화시켜봐야겠다는 생각이 들었다. 그리고 충분히 할 수 있다는 자신감이 쌓였다. 그래서 더욱 책을 읽기 시작했는데, 자연스럽게 내게 교훈을 주는 책을 쓴 저자들에게도 감사편지를 써야겠다는 생각이 들기 시작했다. 그분들의 직접적인 주소는 알기 힘들 것 같아 나는 저자들이 개최하는 강의나 강연들을 찾아 들으러 다녔다.

가서 직접 강의를 듣고, 얼굴을 보고, 때로는 이야기도 나눌 수 있었다. 그냥 책으로만 보는 것과는 또 달랐다. 만나서 실망한 때도 있었지만, 그렇다 하더라도 일단 그 책을 읽으면서 동기부여가 되었다는 그 자체로 충분히 감사했다. 그렇게 사인을 받고 사진도 찍고, 그리고 그곳에서 또 생각지 않게 좋은 분들을 많이 만나게 되었다.

어느 날 신태순 저자의 〈나는 1주일에 4시간 일하고 1000만원 번다〉를 읽게 되었다. 예전에 이 책의 표지를 본 적 있지만, 제목에서 왠지 모를 거부감을 느껴져 아예 쳐다보지도 않고 지나친 책이었다. 그런데 어느 날 그 제목 위에 '전 재산을 배움에 올인한 남자'라는 구절이 보였다. 전에는 보이지 않던 글귀였다. 그 구절에 이끌려 책을 사서 단숨에 읽게 되었다.

놀랍게도 책의 한 구절 한 구절 너무 와 닿고, 그간의 노력 과정이 생생히 느껴져 너무 존경스러웠다. 글 속에는 내가 과거에 했던 고민, 현재 하고 있는 고민도 다 녹아 있었다. 세상의 틀 안에서 그저 안전하게 살려고만 했던 내 모습도 모두 있었다. 이 책의 저자인 신태순 씨를 꼭 뵙고 조언을 얻고 싶다는 열망이 강하게 타올랐다. 이 책은 그 어떤 책보다 나를 강하게 움직이게 했다.

나는 바로 책에 소개된 그분의 카페를 검색해서 가입하고는 강의가 있다는 것을 알게 되어 신청했다. 그러나 강의 시간에 그분을 만나고 싶어하는 분이 너무나 많을 텐데 내 이야기를 풀어놓으며 조언을 구하는 것이 실례라는 생각이 들었다. 그래서 강의가 있는 날 아이를 재우고 새벽에 그분께 이메일을 쓰기 시작했다. 그분이 강의

전에 읽고 나에 대해 조금이라도 알게 되면 좋겠지만 아니어도 상관없었다. 일단 내가 할 수 있는 것을 하자라는 생각밖에 없었다. 다 쓰고 보내고 나니 새벽 2시가 넘어가고 있었다. 그리고 아침이 되어 그분께 다시 문자를 드렸다. 이메일 보냈는데 시간이 된다면 읽어주시면 감사하겠다고. 그런데 바로 답장이 왔다. 알고 보니 이메일도 내가 보내고 바로 몇 분 뒤에 읽으시고는 답장도 남겨주셨다.

실제로 만나 강의를 들으니 정말 말씀 하나하나 너무 와 닿았다. 얼마나 배움에 대한 열망이 강한 분인지, 이미 많은 사람이 롤모델로 삼을 만큼 성공했음에도 초심을 잃지 않으려고 노력하는 모습이 정말 인상 깊었다. 강의 후 사람들과 이야기를 나누는 중에도 여기저기서 정말 많은 연락이 오는 것 같았다. 이메일도 많이 와서 금방 페이지가 넘어간다고. 하지만 그래도 최대한 확인하는 대로 답변을 해주려 하신다고 하셨다. 그 말을 듣고 놀랐다. 내가 메일을 보내자마자 바로 확인하시고 답장까지도 남겨주셨는데, 속으로 나는 정말 운이 좋고 감사하다는 생각을 했다.

그리고 나는 신태순 저자가 운영하시는 버터플라이 인베스트먼트의 공동대표이자 그분의 스승님이기도 한 최규철 대표님을 소개받고, 강의까지 들으며 더 많은 분과 교류하게 되었다. '무자본이 가장 거대한 자본'이기에 창업과 사업을 하는 데 있어 자본은 필요 없다는 믿음을 신태순 저자와 함께 몸소 증명하고 계시는 분이었다. 무수히 많은 사업을 해보셨고, 사업하기 위해 다른 사람들에게 돈을 빌리고 그 돈 때문에 자신뿐 아니라 가족까지 빚의 구렁텅이로 빠지는 걸 겪으셨고, 주변에서도 그런 슬픈 경우를 너무 많이 봐오셨기에 그러한 믿음을 많은 사람에게 전파하고 더 나은 삶을 살도록 하겠다는 소명을 가진 분이셨다.

나는 20대 후반에 장난 반 경험 삼아 신촌에서 노점을 했던 적이 있다. 그때의 경험으로 내 인생에 절대 창업이나 사업은 없다고, 남편도 사업이나 창업은 절대 안 된다고 생각하며 살았다. 자영업자들이 몇 년을 못 버티고 폐업을 한다는 뉴스는 어제오늘 일이 아니다. 그런데 그분들을 만나면서 나는 예전의 갇혀 있던 생각에서 벗어날 수 있었다. 그 덕분에 돈이 없어도 충분히 할 수 있고, 무엇보다 내가 진정으로 하고 싶은 일, 지금까지 내가 몸담아왔던 영어교육과 관련이 있으나 단순한 영어교육을 넘어 아이들에게 몰입의 가치와 자신의 한계를 넘어서는 경험을 할 수 있는, 한국 아이들이 자신이 쓴 영어 동화책을 아마존에 전자책으로 출판하는 그런 멋진 사업을 추진하게 된 것이다. 더군다나 이 사업은 내 아이가 크면 꼭 해주고 싶은 나의 꿈과 소망이 담긴 사업이기에 기쁘고 감사하다.

나는 그렇게 보통 사람은 쉽게 납득하기 힘든 것들을 현실에 굴하지 않고 행동으로 옮기는 분들을 알게 되었고, 더 나아가 긍정적이면서도 실행력이 강한 분들도 많이 알게 되었다.

그들은 현실을 한탄하거나 불평하기보다 그것을 기회로 삼아 돌파구를 만들고 성장하는 사람들이었다. 그런 분들을 자꾸 만나다 보니 핑계 대고 싶고 남 탓을 하고 싶다가도 다시 반성하며 마음을 다 잡게 되었다.

세상을 바라보는 관점을 바꾸고, 나아가 인생을 바꾸어가는 사람들을 계속 만나다 보니 나도 자연스럽게 그렇게 변해갔다. 빌 게이츠도 말하지 않았던가. "인생은 원래 불공평하다"고. 그러니 불공평한 인생을 계속 한탄해봐야 아무것도 바뀌지 않는다.

사람들도 알고는 있지만 그렇게라도 푸념해야 힘든 게 덜어지기 때문에 이 굴레에서 벗어나기 어렵다. 이제 더는 푸념하는 것도 지친다면 끌리는 책을 읽고, 그분들의 강의나 강연을 들으러 다녀보라고 얘기하고 싶다. 저자들과 직접 만나지 못해도 그곳에서 변화를 갈망하는 사람들을 만나면서 또 다른 기회를 알게 될지 모른다.

당장 돈이 없다고 푸념하기보다, 돈이 없어도 할 수 있는 무엇을 해보자. 무료 강연을 들으러 가고, 아니면 수많은 좋은 동영상 강의 중에 끌리는 영상을 하나씩 보는 것부터 시작해도 좋겠다. 그리고 그런 사람들이 모여 있는 카페에 가입하는 것도 좋다. 어쨌든, 일단은 내가 만나는 사람들을 조금이라도 바꾸어보라고 말하고 싶다. 만나게 돼서 만나는 것이 아니라 내가 되고 싶은 사람들이 있는 곳, 최소한 변하고자 노력하는 사람들이 있는 곳에 가서 새로운 사람들을 만나보자.

사실 더 쉽게 시작할 수 있으면서도 가장 강력한 방법이 있다. 간단하게 감사함을 적어 주변 사람들에게 음료수병에 붙여서 별것 아닌 듯 전달해보는 것이다. 이 작은 행동 하나가 얼마나 당신을 변화시킬지 알기에 나는 상상만으로 설렌다.

운은 사람을 통해 온다고 한다. 운은 계속해서 움직이기에 운이다. 그러니 내가 되고 싶고, 하고 싶은 것을 하는 사람을 만나러 다니다 보면 운도 당신의 편이 되어준다.

나도 감사편지를 전하면서 자꾸 사람들을 만나고 움직이다 보니 점점 더 다양한 사람들을 알게 되었다. 그들은 하나같이 배울 점이 많은 사람들이었다. 그래서 그 사람들에게 또 감사편지를 계속 쓰게 되었다. 감사편지가 늘어날수록 점점 더 멋진 분들을 많이 알게 되었다.

옛날에 평생 내 이름의 책을 쓸 수 있을까 생각했던, 아니 내 책을 쓴다는 상상조차 못해보았던 나는 이제 주변에 자신의 이름으로 된 저서 하나쯤은 가지고 있는 사람들이 많아졌다. 나는 계속해서 감사편지를 쓸 것이고, 그렇게 또다시 새로운 사람들을 알아갈 것이다. 혹시 아는가, 내가 이 책을 읽고 있는 당신에게 감사편지를 쓰게 될지.

그건 아무도 알 수가 없다. 나는 항상 감사편지를 쓸 대상을 찾아 움직이고 있고, 발견하면 쓴다. 그러니 당신도 감사편지를 쓰면서 움직인다면 우리가 만나게 될 가능성이 결코 적지는 않다.

인생의 관점을
변화시키다

　'위기는 기회다'는 말을 많이 들어보았을 것이다. 위기처럼 보이는 상황 속에서도 기회를 발견하고 그것을 발판으로 성장하고 성공한 사람의 이야기를 많이 접하곤 한다. 나도 겪어보니 정말 그렇다. 내 소중한 아이에게 밝은 미래를 보여줄 수 없다는 절망감에 사로잡혀 하루하루를 우울하게 버텨냈던 시기가 없었다면, 그래서 지금까지 살던 방식과는 다른 방식으로 살아보기로 하지 않았다면 지금의 나는 없었을 것이다. 그래서 그 시간에 진심으로 감사하다.

　하지만 한편으로는 알 것이다, 막상 실제로 힘든 상황에 닥치면 보통의 사람들은 그 상황을 기회로 보기 힘들다는 것을. 그러니 위기를 기회로 만드는 사람들은 항상 성장하고, 성공할 수밖에 없다.

나는 감사편지를 쓰면서 점점 더 운이 좋아지는 것을 느꼈다고 여러 번 말했다. 작게는 당첨운부터 사람을 만나는 운까지. 그리고 일에서도 마찬가지다.

감사편지를 쓰기로 했던 2014년 12월에는 그다음 달부터 육아휴직비용이 끊겨 당장 일을 구해야 하는 상황이었다. 예전 같았으면 전혀 문제가 될 것이 없었지만, 내겐 아이가 있었다. 3월부터 어린이집에 보내고 다시 일을 시작할 계획이긴 했지만, 그 당시 난 자존감도 떨어져 있던 상태였고, 언제든 내가 원하는 조건의 일을 구할 수 있다는 예전의 자신감은 사라진 지 오래였다. 육아휴직을 하면서 간간이 출강을 나가긴 했어도 예전에 비하면 일을 안 한 것이나 마찬가지여서 다시 일을 시작해서 잘할 수 있을지 확신도 없었다. 아이 때문에 여러 가지 제약이 많은 것도 사실이었다.

하지만 감사편지를 쓰면서 분명 나아질 거라는 확신이 생기기 시작했다. 그리고 2월쯤 갑자기 예전에 2년가량 일했던 학원에서 연락이 왔다. 육아휴직 중에 영어유치원으로 다시 복귀를 못 하게 된 것을 알게 되었던 8월쯤 안부 겸해서 혹시 자리가 있는지 연락을 한 적이 있었다. 그때 원장님은 마침 선생님을 막 구했다면서 혹시나 자리가 생기면 연락을 주겠다고 하셨다.

그리고 잊고 지냈는데 급하게 2월 말부터 출근해줄 수 있느냐는 연락이 온 것이다. 꽤 오랫동안 일했던 곳이고 무엇보다 거리나, 시간, 급여 등 모든 조건이 좋았다. 내가 지금 당장 시작해도 힘들지 않게 다시 적응할 수 있는 모든 것이 완벽한 곳이었다. 나는 당연히 출근하겠다고 했다. 며칠은 시어머니와 친정엄마가 몇 시간씩 봐주시고 3월이 되면서부터는 오전에 아이를 데리고 어린이집에 가서 적응기간을 함께 보내고, 집에 돌아와서는 집안 정리정돈과 아이 뒤치다꺼리를 하고 준비해서 바로 출근을 했다. 정신없는 시간이었지만, 다시 일할 수 있음에 너무나 감사했다. 자리가 생기자마자 내 생각을 하셨다는 것이 너무나 감사했다. 그만큼 내가 일하면서 원장님께 믿음을 주었던 것으로 느껴져 더더욱 감사했다.

하지만 내가 돌아갔을 때 학원은 하락세에 있었다. 여러 가지 일들을 겪으면서 학원 규모는 작아져 있었고, 학생 수는 턱없이 줄어들어 있었다. 원장님도 매달 학원을 유지하느라 전전긍긍하고 있었다. 돌아간 지 얼마 안 돼서 회의시간에 7월쯤에 이 학원 임대 계약이 끝나는데 6월쯤에는 계속 끌고 나갈지 말지 결정해야 할 것 같다고 하셨다. 내게는 돌아온 지 얼마 안 되었는데 그렇게 되어서 미안하다고 하셨다.

일단 몇 개월 남았으니 상황을 지켜보자고 했지만, 사실 학원 문을 닫는 것은 시간문제였다. 하지만 나는 크게 걱정되지 않았다. 분명 또 좋은 기회가 있을 거라 믿었기 때문이다. 그리고 학원 문을 닫기로 결정이 되었고, 7월이 되었다. 다른 선생님들은 6월까지 다들 그만두게 되었고, 나만 마지막까지 남아 수업을 했다. 나를 그렇게 끝까지 믿어주시다니 그 역시 참 감사했다. 내가 아닌 다른 선생님을 남길 수도 있었는데 나를 끝까지 남겨주셨다.

그리고 7월이 되어 어느 날 오랫동안 같이 일했던 출강 에이전시에서 전화가 왔다. 아주 좋은 조건의 수업이 나왔는데 혹시 시간이 되느냐는 것이었다. 나는 드디어 올 것이 왔구나 싶었다. 원래 출강은 보통 아침 이른 시간이나 저녁 시간에 한다. 회사원들을 대상으로 해서 점심시간 이외에 근무 시간 중간에 시간을 빼서 수업하는 경우는 거의 없다. 하지만 종종 회사에서 적극 지원해주는 경우 아예 학생들이 합숙하면서 공부하거나 intensive 코스를 만들어 몇 개월간 오전부터 저녁까지 수업을 맡게 되는 경우가 있는데 이 경우가 딱 그랬다.

나는 아이 때문에 새벽부터 나가야 하는 수업은 할 수가 없었는데, 이 수업은 오전 11시에 시작해서 저녁 7시에 끝나는 데다가 월수금만 그렇게 수업하고 화목은 한 시간 반 저녁 수업만 하면 되었다. 그렇게만 해도 수입이 꽤 되었다. 내겐 너무나 좋은 기회였다. 하지만 문제가 있었다. 그만큼 좋은 조건의 수업이라 회사 측에서도 여러 업체를 비교해서 강사들을 고르겠다는 것이었다.

나는 지금까지 그렇게 오랫동안 기업체 출강을 나가면서도 내가 나서서 수업을 따기 위해 무언가를 해야 했던 경우는 없었다. 제안서를 낸 5개의 업체 중에서 3개 업체를 뽑아 각각 3명의 강사가 나와 그 수업을 직접 듣게 될 30명의 학생 앞에서 시강을 하는 방식으로 선출될 예정이었다. 그렇게 해서 학생들에게 가장 높은 점수를 받은 3명의 강사가 각각 10명씩 한 반씩을 맡아 수업하게 되는 방식이었다.

내가 '예스' 한다고 되는 상황이 아니었지만, 밑져야 본전이었다. 안 되더라도 분명 새로운 경험이 될 것이니 알았다고 했다. 오랜만에 남편과 상의해서 PPT를 만들고, 같이 시강하게 될 우리 업체의 선생님들을 만나 연습해보는 신선한 경험을 했다. 내게 기업체 출강은 그냥 제안이 와서 조건이 맞으면 하는 수업이었는데, 그런 수업을 따오기 위해 업체 관계자들이 얼마나 많은 노력을 하는지도 직접 보게 되었다. 그러니 자연히 감사한 마음도 커졌다.

중간에서 강사들과 기업체들을 조율해야 하는 일이 얼마나 힘들까? 우리야 수업만 하고 나오면 되지만, 출강 에이전시는 강사들에 대한 회사 측의 불만도 해결하고, 또 강사들에게 그것을 기분 나쁘지 않게 전달해야 하니 중간에서 어려움이 정말 많을 것이 뻔히 보였다.

결과적으로 나는 그 3명 안에 들었고, 학원이 문을 닫는 날과 그 기업체의 수업이 시작하는 날이 완벽하게 맞아떨어져 쉬는 날 없이 바로 강의를 할 수 있게 되었다. 하지만 예정되어 있던 휴강기간이 길어지면서 불안한 기운이 느껴지더니 일이 틀어지고 말았다. 12월까지로 예정되어 있던 수업은 10월에 휴강기간을 갖는 동안 끝이 나버렸다.

그때 나는 처음으로 내 일에 회의를 느꼈다. 물론 여러 가지 이유가 있었을 것이고, 내 책임도 분명 있을 것이다. 하지만 당시에는 토사구팽당하는 느낌이었다. 대부분의 사회생활을 하는 사람들은 대부분 그런 기분을 느껴보았을 것이다. 그런데 곰곰이 생각해보니 나는 딱히 그런 경험을 해본 적이 없었다. 10년 넘게 사회생활을 하면서 그런 경험을 해본 적이 없다니, 참 감사하다는 생각이 들었다. 그동안 내가 참 수월하게 살아왔다는 것을 새삼 느꼈다.

그 순간 생각했다. 지금까지 영어강사 일이 내 천직이라고 생각해왔고 다른 길은 생각지 않고 살아왔던 내게 이건 기회라고! 감사편지를 쓰기로 했던 그날처럼, 뭔가 다시 새로운 방식으로 살아볼 기회가 왔다고. 그때가 감사편지를 쓴 지 10개월이 되었을 무렵이었다. 나도 모르게 그냥 그렇게 생각되었다. 앞으로 어떤 새로운 기회가 올까 하는 생각에 설레기까지 했다. 정말 놀라운 변화였다.

든든하게 생각했던 강의마저 없어졌는데, '당장은 힘들지만, 분명히 이건 또 다른 기회다.'라는 느낌이 들었다. 별다른 노력을 하지 않았는데도 내가 그렇게 생각하고 있다는 것이 너무나 놀라웠다. 위기를 기회로 바라보는 관점마저 장착하게 된 것이다.

그때부터 대학교 도서관에 가서 책을 읽기 시작했다. 졸업생에게는 학기별로 5만원의 별도 요금을 받는다는 말에 화가 나기도 했지만, '그래, 5만원 냈으니 내가 아주 이번 기회에 500만원, 아니 5천만원어치 읽겠다!'는 긍정적인 오기 같은 것이 생겼다. 그렇게 책을 읽는 과정에서 나를 새로운 길로 인도해줄 책을 만나게 되리라 생각했다. 예전 같았으면 역시 한 번 안 좋은 일이 생기니까 계속 그런 일이 일어난다며 짜증을 내고 있었을 것이다.

그리고 실제로 나는 그 5만원이 아까워서 정말로 학교에 자주 가서 책을 읽기 시작했다. 내면의 힘은 많이 쌓인 것 같으니, 이제는 정말로 한번 성공해보자, 돈을 많이 벌어보자는 생각을 했다. 그래서 성공에 관한 책, 부자가 되는 법에 관한 책들을 읽기 시작했다.

그리고 나는 그런 책들을 읽으며 전율했다.

감사편지를 쓰면서 했던 행위들이 사실은 모두 성공으로 가는 지름길이었다는 것을, 부자가 되는 길이었다는 것을 알게 되었던 것이다. 그러면서 나는 더더욱 지금까지 내가 감사편지를 쓰면서 쌓였던 자신감이 결코 헛된 것이 아님을 다시 확인할 수 있었다. 무엇보다 강의가 갑자기 없어지고, 5만원을 입금하면서도 계속 새로운 기회라고 느끼며 설레었던 나 자신이 너무나 대견했다. 그리고 실제로 그 일은 내가 지금까지 살아왔던 방식과는 전혀 다른 길을 생각하게 하는 결정적인 기회가 되었다. 그 덕분에 나는 지금 이렇게 책을 내고 감사편지를 알리게 되었다. 만약 그때 그 강의가 없어지지 않았더라면, 나는 눈앞의 돈만 보면서 만족하며 그다음 차수에 들어가서 경쟁 PT를 하고, 수업을 따려는 생각만 하고 있었을지 모른다. 그리고 수업을 계속하고 있었더라면 이 책을 쓸 일도 없었을 것이다.

그 일을 기회로 느낀 그때부터 불과 몇 개월 사이에 나는 또 성장했다. 나는 진심으로 위기 속에 기회가 있다는 말을 믿게 되었다. 그 말이 진실임을 알고 있다. 그래서 내가 당장 할 수 있는 것들에 최선을 다하며 기회가 올 때까지 기다린다. 그리고 기회가 오면 잡는다. 내가 위기 속에서 기회를 본다면, 그리고 준비하며 기다린다면 분명 내게 행운은 찾아온다는 것을 믿게 되었다. 내 관점은 그렇게 이미 변해버렸다.

이미 일어난 사건을 어떤 관점으로 보고 살아갈 것인지 선택하는 것은 당신에게 달렸다. 나는 감사편지로 힘든 일이 일어나도 거기서 기회를 찾는 관점을 가지게 되었다. 당신은 어떤 관점을 갖기로 선택하겠는가?

그렇게
노력해도 안 되던
자기계발이 되다

내가 바뀌었을 때
일어나는 일

'용서 forgive'라는 말은 '포기하라 give up'는 뜻을 지니고 있다.

우리의 부를 가로막는 부정적인 감정을 붙들지 말고 놔주는 것,

즉 포기하는 것이 용서다.

– 캐서린 폰더 〈부의 법칙〉 중에서

〈뜨겁게 나를 응원한다〉라는 책을 필사하던 어느 날 이 말을 보면서 문득 Give and take라는 말을 떠올렸다. 사람들은 이 말을 그냥 주는 것이 있으면 받는 것이 있다, 또는 주면 오는 것이 있다 정도로 생각하는 것 같다. 그러나 give가 먼저 나와 있듯이 정확하게는 give

주는 것이 먼저 있어야 한다. 항상 내가 먼저 주어야 돌아오는 것이 있다. '네가 먼저 주면 나도 줄게'라는 것이 아니다.

또한 Give and take가 꼭 물질이나 도움에 국한된 것은 아니라는 생각이 들었다. 우리는 항상 상대방이 내가 원하는 대로 변해주면 나도 변하겠다고 생각하며 살고 있다. 상대방이 그런 식으로 행동했기 때문에 내가 이렇게 되었다고 원망한다. 그 사람이 먼저 변한다면 나도 변할 수 있다고, 아무리 내가 노력해도 그 사람은 절대 변하지 않는다고 말하며 괴로워한다.

하지만 냉정하게 생각해보면 내가 노력한 것은 나 자신을 바꾸려고 노력한 것이 아니라 상대방을 내가 원하는 대로 바꾸려고 노력한 것이다. 그 사람을 그렇게 바꾸는 것이 그를 위한 것이라고 주장하면서. 그리고 그 사람만 변하면 모두가 행복해지고 상황이 좋아질 거로 생각하면서 그게 진실이라고 굳게 믿는다. 물론 진짜 나쁜 습관을 지닌 사람들도 많다. 그래서 그 습관만 바꾸면 모두가 행복해질 가능성도 많다. 하지만 상대방을 변화시키기 위해 노력하다가 결국 남는 건 상처와 원망뿐인 경우가 훨씬 많다.

나는 결혼생활을 하면서 절실하게 느꼈다. 상대방을 바꾸려 할수록 절대 바꾸지 못한다는 것을. 나도 단점이 엄청나게 많은 사람이다. 그런 주제에 상대방의 단점만 지적하면서 그것 때문에 우리 가정이 큰 영향을 받는 것처럼 행동하기도 했다.

남편이 돈을 더 잘 벌어오면! 남편이 더 자기계발을 하면! 이런 식으로 자꾸만 상대방에게 변화를 강요했다. 하지만 감사편지를 쓰면서 오롯이 상대방의 장점에만, 감사할 점에 대해서만 집중하니 어느 순간부터 남편이 내가 그렇게 원하는 말을 해주고, 내가 이상적으로 생각하는 모습으로 되어가서 너무나 신기했다.

물론 상대방을 내 마음대로 바꾸기 위해, 조종하기 위해 감사편지를 쓰라는 것이 아님을 알 것이다. 감사편지를 쓰면서 나 자신이 진심으로 감사할 줄 아는 사람으로 변하니, 그리고 진심으로 감사한 마음을 전하는 사람으로 변하니, 다른 것들도 함께 변했다. 결국 모든 문제는 나에게 있었다. 내가 변하면 되는 것이었다.

성공자들이 공통적으로 하는 말이 있다. 모든 것은 100퍼센트 내 책임이라고. 물론 정말 억울한 때도 있을 것이다. 하지만 항상 내 책임이라고 생각해야지 그 안에서 내가 할 수 있는 것들을 발견할 수 있고, 그것들을 실천함으로써 상황을 바꿀 수 있다. 만약 상황 탓, 다른 사람 탓을 한다면 그것은 내가 할 수 있는 영역에서 벗어난다. 상황이 바뀌어야만 내가 무언가를 할 수 있고, 그 사람이 어떤 것을 해줘야지만 내가 원하는 것을 할 수 있게 된다면, 내 인생의 주도권은 언제나 다른 사람에게, 다른 곳에 있는 것이다.

내 인생인데 내 마음대로 하지 못한다면 얼마나 불행한 것인가. 그래서 나는 환경 핑계, 남 핑계 대던 습관을 버리려고 노력 중이다. 감사편지를 쓰면서 오롯이 나 자신과 편지를 쓸 대상만 생각하다 보니 내가 어찌할 수 없는 고민은 잊게 되고, 내가 할 수 있는 것들은 찾아서 실천한다. 그것만으로도 대부분 상황은 충분히 더 좋아진다. 그리고 그런 식으로 내가 나빠 보이는 상황을 조절할 수 있다는 것을 깨달으면, '내 인생의 주인은 나'라는 메시지가 진정으로 진실임을 깨닫게 된다.

남이 먼저 변해야 내가 어떤 것을 할 수 있는 상황이라면 차라리 그 상황을 내려놓아라. 그 상황을 포기해라. 그리고 내가 행동해서 바꿀 수 있는 만한 그런 상황으로 시선을 돌리길 바란다.

당신의 바람대로 상황이, 상대방이 먼저 변하는 경우는 절대 생기지 않을 것이다. 만약 그 상황이, 상대방이 변했다면 그건 당신이 모르는 사이에 당신이 먼저 변했기 때문이다. 이 단순한 진리를 감사편지를 쓰면서 절실하게 깨달았다. 그리고 아무런 대가를 바라지 않고, 감사편지에만 집중하면서 어느새 상대방이 내 마음대로 변해주기를 바라는 마음을 내려놓은 나를 발견했다.

사실 한때 어떤 사람에게 증오에 가까운 감정을 느낀 적도 있었다. 분명 내가 감사함을 많이 느끼는 대상이지만, 어떤 한 가지 때문에 다른 감사한 마음이 다 사라져버리고는 했다. 한참 감사편지를 쓰는 시기였기에 오히려 더 힘들었다. 이렇게 감사편지를 쓰는데 왜 그 사람에 대한 분노는 사라지지 않을까? 그러던 중 그 사람을 미워하는 마음을 놓지 않으려고 하는 나를 발견했다. 나는 그 사람이 변하면 모두가 행복해질 거라고 굳게 믿었기에 어떻게든 그 사람이 먼저 변하기를 기다리고 있었던 것이다. 그리고 그 사람을 대할 때마다 마음이 힘들어지는 나를 발견했다. 어느 날 문득 결심했다. 그냥 내려놓자고. 미워하는 마음, 용서하기 싫은 마음까지 다 포기해버리자고. 그러니 한결 마음이 편해졌다. 그 사람은 지금도 나쁜 습관을 가지고 있다. 나뿐만 아니라 주변의 모든 사람이 그 사람이 그 습관을 버리면 모두가 편해질 거라고 말한다. 하지만 나는 예전만큼 괴롭지는 않다.

내가 지금까지 해왔듯, 묵묵히 감사편지를 쓰고 오로지 감사한 것들에만 집중하면서 내 감사의 내공이 더 쌓이면 분명 더 좋은 쪽으로 상황이 변할 것이라고 믿는다. 그리고 그 사람이 변하지 않아도 상관없다. 나는 이미 미워하는 마음을 내려놓았으니까. 그러므로 더는 그 존재가 나를 괴롭히지 못하니까. 나는 내면의 평화를 선택했으니까. 내가 더욱 감사하는 사람으로 변하고자 선택했으니까.

감사편지는 세상에서
가장 강력한 칭찬

나는 칭찬하는데 굉장히 인색한 사람이었다. 칭찬하는 것이 꼭 아부하는 것처럼 느껴지기도 했다. 물론 칭찬과 아부는 엄연히 다르다. 그런데 왠지 모르게 상대방을 직접 보고 하는 칭찬은 오글거리기도 했고, 내가 뭔가 원하는 게 있어서 이런 말을 한다고 느끼면 어떡하나 싶은 쓸데없는 걱정을 했다.

나는 직설적으로, 심지어 독설을 내뱉는 것이 솔직한 것이라는 잘못된 생각마저 가지고 있었던 적이 있다. 나는 입에 발린 칭찬을 하는 사람들과 다르다며, 상대방에게 상처가 될 만한 말들을 서슴없이 내뱉으며 산 적도 있었다. 지금 생각하면 그 사람들에게 진심으로 미안하고, 그때는 왜 그렇게까지 했는지 이해가 안 된다.

나름 내가 긍정적이고 감사를 잘한다고 생각하며 살 때에도 나는 여전히 칭찬에 인색했다. 남들에게 하는 칭찬도 못했지만, 사람들이 내게 칭찬을 해주는 것도 제대로 받아들이지 못했다. 왠지 모르게 민망해서 딴소리하거나, 아예 못 들은 척한 적도 있다. 내가 왜곡된 생각을 하니 다른 사람의 순수한 칭찬도 못 받아들였던 것 같다.

하지만 감사편지를 쓰면서 변화한 나를 발견했다. 상대방에게 어떤 점이 감사한지, 내가 그 덕분에 어떤 도움이나 교훈을 받았는지 쓰다 보면 자연스럽게 상대방의 장점을 칭찬하게 됐다. 감사편지를 쓰다 보니 감사한 점을 쓰기 위해 어떤 식으로 적을까 생각하다 그 사람의 평소 좋은 생활습관이나 도움을 받았던 일들이 떠오르는 경우가 많았다. 그러면서 그것들을 그 안에 함께 적곤 했다.

나는 지인의 부탁으로 어떤 학원에서 두 달가량 일한 적이 있었다. 가족이 함께 운영하는 곳이라 규모는 작으나 분위기는 좋았다. 원장, 부원장님이 자매였고, 간식을 담당해주시는 실장님은 두 분의 어머니셨다. 아이들은 순수했고, 인사를 정말 잘했다. 좁은 곳이라 왔다 갔다 하며 자주 마주치는데도 그때마다 모든 아이가 공손하게 인사를 해서 인상 깊었다. 중학생 아이들마저도 요즘 아이답지 않게 순수하고 수업시간에 참 예의 바르게 행동했다. 예전에 버릇없이 구는 아이들 때문에 한동안 마음고생을 했던 내게 그곳에서 일했던 두 달은 신선하고 따뜻한 추억으로 남아 있다.

그래서 마지막 날, 내가 가르쳤던 아이들에게 일일이 손으로 작별 인사 겸 감사쪽지를 썼다. 감사편지를 오래 써왔고, 하루에 몇 통씩 쓴 적도 많으니 한 번에 아이들 한 명 한 명에게 다 쓸 수 있겠다는 자신감도 있었고, 무엇보다 정말 요즘 아이답지 않은 그 모습이 참 예뻐서 그런 부분들을 꼭 칭찬해주고 싶었다. 그동안은 바쁘게 수업하느라 아이들의 장점을 칭찬해준 적이 없었던 것도 마음에 걸리기도 했다.

그래서 나는 이틀에 걸쳐 거의 30통이 되는 감사쪽지를 쓰고 말았다. 처음에는 아이들에게만 쓰려고 했는데 쓰다 보니 짧은 시간이지만 같이 일했던 선생님들도 생각나고, 항상 맛있는 간식을 챙겨주시며 환하게 웃어주시던 실장님도 생각나서 그만 다 써버렸다.

한번에 많은 아이에게 쓰면 계속 비슷한 말을 하게 되지 않을까, 그리고 평소에 공부에 관심이 없고, 수업 시간에 집중을 못했던 아이들에게는 어떤 부분을 감사해하고, 칭찬해줄 수 있을까 약간의 의구심도 있었다. 하지만 일부 아이에게만 쓰는 건 예의가 아니라고 생각했고, 그간의 경험을 통해 일단 쓰면 어떻게든 하나의 장점이나 감사한 점은 찾아낼 수 있다는 것을 알았기에 일단 쓰기 시작했다. 쓰다 보니 인사를 잘하는 것, 친구들을 잘 도와주는 것, 수업태도가 좋은 것, 숙제를 잘해오는 것, 항상 잘 웃는 것 등 한 명 한 명 장점들이 너무나 많다는 것을 깨달았다.

나는 어마어마한 기계치인데, 한번은 예전에 선물 받아 그동안은 쓸 일이 없어 묵혀두었던 아이패드의 전원을 어떻게 끄는지 도저히 알 수가 없어서 학원에 들고 가서 물어본 적이 있다. 평소 무뚝뚝하고 공부와는 담을 쌓은 것으로 유명했던 한 아이가 그 문제를 아주 간단히 해결해주었다. 나는 그때 진심으로 감사하며 고맙다고 말했는데, 그 점을 다시 떠올리며 감사쪽지에 적었다. 그리고 진심으로 고맙다고 전한 이후로 최소한 내 반에서는 조금이라도 숙제를 해오려고 노력했었기에 그 점도 고맙다고 적었다. 그런 식으로 아이들 하나하나에 대한 감사함을, 칭찬거리를 너무나 쉽게 찾아 쓸 수 있었다.

아이들이 수업하는 날짜들이 달라서 나는 이틀에 걸쳐 아이들에게 젤리에 감사쪽지를 붙여 나눠주었다. 수업 끝나고 나눠주니 교실 밖에서 아이들이 서로 읽으며 "내가 가능성이 많대, 헐!"이러면서 자기들끼리 비교하며 읽는 소리가 들렸다. 그 소리가 나를 놀리는 것 같이 느껴지기도 해서 민망한 마음에 아이들이 다 갈 때까지 나는 교실에 머물렀다.

그런데 알고 보니 내가 오해를 했던 것이었다. 마지막 날 출근하니 전날 쪽지 받았던 아이들이 한 명씩 다가와 바나나우유, 초코 우유, 젤리 등에 감사하다는 메모를 붙여서 내게 주는 것이 아닌가! 나와 수업을 몇 번 하지도 않았던 아이들도 일일이 선물마다 메모해서 진짜 폭풍감동을 안겨주었다.

쪽지에 인사 잘해줘서 고맙다고 썼던 아이들은 그날 온종일 나를 따라다니다시피 하며 평소보다 인사를 더 열심히 해서 너무나 귀여 웠다. 내 칭찬과 감사표현 한마디에 더 열심히 하는 것 같아 뿌듯했 다. 거기다 실장님은 소녀처럼 좋아하시며 쪽지가 너무 좋아서 저번 에 받았을 때도 사진까지 찍어놓았다고 말씀해주셨다.

날 위해 한 일인데, 그리고 진짜 별것 아닌 선물들이 그런 감사쪽 지 하나로 상대방에게 큰 의미 있는 선물이 될 수 있음을 다시 한번 느꼈다.

사실 이틀에 걸쳐 30통 정도를 쓰려니 체력적 너무 힘들기도 했 고, 통수 채우려고 너무 억지로 쓰는 것 아닌가 고민도 했다. 하지 만 그 과정에서 느낀 건 감사하는 것은 억지로 하는 것이 없다는 것 이다. 감사와 칭찬할 거리를 찾으면 누구든지 하나쯤은 있다는 것을 새삼 느꼈다.

그런 경험을 통해 나도 모르게 상대방의 장점을 계속 찾아내게 되 었고, 그 점들을 감사쪽지와 편지 등을 쓰면서 그 안에서 자연스럽 게 칭찬하게 되었다. 그러면서 그런 사소한 점까지 찾아내어 감사하 는 내게, 그런 부분을 칭찬하고 인정해주는 내게 상대방이 감사함을 표하는 경우도 점점 많이 생겨났다. 그리고 어느새 문득 칭찬하는 일에도, 칭찬받는 일에도 예전처럼 민망함이나 거부감이 많이 줄어 든 나를 발견하게 되었다. 이제는 내가 그들에게 아무 바라는 것 없 이 감사를 표현하고 칭찬하듯, 그들도 내게 그렇다는 것을 순수하게 받아들일 수 있게 되었다.

칭찬은 그 사람의 능력을, 장점을 더욱 빛나게 해준다. 감사의 다른 이름은 칭찬이라는 말을 들어본 적이 있다. 진심이 담긴 감사편지는 세상에서 가장 강력한 칭찬이라고 확신한다.

내 인생은
내가 선택하는 것이다

영어강사를 몇 년 하다가 나름 인정받고 잘 가르친다는 평가를 들으니 슬금슬금 오만한 생각도 생기고, 뭔가 새로운 것을 시도해보고 싶다는 생각을 하던 무렵이었다. 그때 마침 동생의 선배가 사업 설명회를 하는데, 처음이라 사람이 얼마나 올지 모르지 와서 자리를 채워달라는 부탁을 받았다. 그 사업의 아이템은 타투를 도장식으로 할 수 있는 것이었는데, 설명을 듣고 나니 정말 하고 싶어져서 나는 동생을 꼬드겨서 한번 해보자고 했다. 그때가 여름이기도 했고, 잠깐 일탈처럼 강사 일이 아닌 다른 일을 해보고 싶었다. 동생은 내 꼬드김에 넘어가 함께 시작하게 되었다. 그 일은 자리를 많이 차지하는 것이 아니어서 노점에 자리를 잡아도 될 일이었다. 나는 그것이 얼마나 어려운 일인지 짐작조차 하지 못하고 그렇게 섣불리 달려들었다.

실제로 노점 자리를 알아보러 다니면서 나는 그 세계가 얼마나 힘들고 험한 곳인지 알게 되었다. 신촌 노점에 자리를 깔고 일을 시작하자, 지나가는 자동차 매연, 오토바이 매연에 늘 속이 매스꺼웠다. 나는 동생과 재미삼아, 경험 삼아 해보는 일이지만 매일 어쩔 수 없이 이 일을 계속해야 한다면 얼마나 절망스럽고 힘들까라는 생각을 했다. 그 당시에 나는 돈이 되면 좋은 것이고, 아니어도 어차피 한두 달만 하고 다시 하던 일을 하려 했다. 그랬음에도 신촌에서 지냈던 그 며칠은 너무나 고단하게 느껴졌다. 친구들을 만나고 쇼핑하며 다녔던, 재미와 낭만이 가득한 신촌의 길바닥이 그렇게 지저분하고 위험한지 처음으로 느꼈다.

며칠 후 우리는 좋은 기회가 생겨서 고급 호텔의 야외수영장으로 자리를 옮기게 되었다. 그것도 자릿세도 없이 공짜로. 그곳은 야외부페가 한 사람당 10만원 가까이하고, 팥빙수 하나만도 2만원 정도였다. 그런데 그런 비싼 것을 아무렇지도 않게 사 먹는 사람들이 가득한 곳이었다.

그런 비싼 호텔에 며칠을 묶거나, 일주일에 한두 번씩 주기적으로 와서 유유히 시간을 보내는 사람들이 꽤 있었다. 우리는 그곳에서 일하는 과장님을 통해 소개받고 들어가게 된 것이었는데, 그분은 가끔 내려와서 우리에게 비싼 팥빙수를 만들어주기도 했다. 그리고 야외 부폐와 수영장도 이용할 수 있게 해주셨다. 덕분에 우리는 그해 여름 내내 호텔 야외수영장에서 화려하게 휴가를 보내는 기분을 만끽했다. 지금 생각해도 정말 감사한 경험이다.

하지만 더 감사한 것은 그렇게 밑바닥에서 위까지 여름기간 내 모두 경험해보았다는 것이다. 그것은 정말 소중한 경험이었다. 나는 그 경험을 통해 자신이 처한 환경도 중요하지만, 무엇보다 그런 환경을 스스로 선택할 수 있다고 생각하는 것이 얼마나 중요한 것인지를 깨달았다.

우리는 신촌노점을 할 때 힘들긴 했지만 우울하지 않았다. 한편으론 신기하고 재밌었다. 그건 순전히 우리의 선택이었고, 또 언제든지 원래 하던 일로 돌아갈 수 있음을 알았기 때문이었다. 하지만 내가 그 상황에서 할 수 있는 것이 그것밖에 없었다고 했다면 너무나 우울했을 것이다. 육아우울증에 시달렸을 때 가장 절망스러웠던 것도 그 같은 이유에서였다. 내가 선택할 수 있는 것이 아무것도 없다고, 아무리 노력해도 더 나은 삶을 살 수 없을 것 같다고, 더 나은 삶을 살기로 선택하는 것조차 불가능하게 느껴졌기 때문이었다.

사람에게 희망이라는 것이, 자신이 선택할 수 있고, 생각과 의지대로 삶을 살 수 있다는 그 생각이, 믿음이 얼마나 소중한 것인지 그 시절을 떠올리며 한 번씩 되새기곤 한다.

몇 달 전 예전의 직장동료를 만났다. 그분은 여러 가지로 어려움에 처해 있는 상태였다. 그런데 그분이 대화 중에 이런 말씀을 하셨다.

"솔직히 다른 곳에서 일자리 제안을 받기는 했어요. 그런데 문득 그런 생각이 들더라고요. 당장의 수입이 걱정돼서 그 일을 덥석 시작하면 또 내가 진짜 원하는 것이 무엇인지도 모르고, 소중한 것도 잃을지 모른다고. 지금까지 그랬던 것처럼 상황에 쫓겨서 선택하게 되는 것이 아닌가 싶은 생각이 들더라고요. 당장은 힘들어도 더는 내가 그걸 원하는지도 모르는 상태로, 상황에 떠밀려 선택하는 건 하고 싶지 않아요. 당장 이 일을 놓치면 언제 또 기회가 올지 모르겠지만, 이젠 그러고 싶지 않아요. 내가 진짜 원하는 것을 생각하고, 제대로 선택하고 싶어요. 분명 그러면 또 기회가 생길 거 같아요."

나는 정말 그분이 너무나 존경스러웠다. 당장 그 일을 하겠다고 하면 돈 걱정은 덜 수 있었다. 한 푼이 아쉬운 상황에서 그렇게 진심으로 원하는 것을 찾아보겠다고, 상황에 더는 떠밀리지 않겠다고 결심하는 것이 얼마나 어려운 것인지 알기에 나는 진심으로 응원했다.

그리고 얼마 지나지 않아, 상황이 많이 좋아졌다는 좋은 소식을 듣게 되었다. 하지만 나는 안다. 그것은 상황이 좋아진 것이 아니라 그분의 그런 선택이 모여서 그 좋은 상황을 만들어냈음을. 그리고 그분은 앞으로 더 좋은 상황을 만들어낼 것임을.

모든 것은 우리의 선택이고, 지금의 현실은 다 내 선택이 모여 만들어진 것이므로 모두 내 책임이다.

당장 선택할 수 없어 보이더라도, 결국 우리는 끊임없이 크고 작은 선택을 해야 하고, 그것들이 모여 우리의 인생이 된다. 그리고 나는 내가 이 상황을 선택할 수 있다고 생각해야 자존감을 잃지 않는다는 것을 진심으로 깨달았다.

나는 이것밖에 할 수 없으니 어쩔 수 없다고 생각하기 시작하면 자신의 가치를 점점 낮추게 된다. 아마 이 책을 읽으며 어떤 사람들은 "그깟 감사편지가 뭐라고 그런 수많은 변화가 가능하다고 하는 거야!"라고 할지도 모르겠다.

나도 써보기 전엔 그저 내 인생을 바꿔보자는 간절함, 그것 하나로 시작했었다. 아무것도 선택할 수 없다고 느꼈던 상황에서 감사편지를 쓰기로 선택하고, 쓸까 말까 고민될 때는 쓰는 쪽을 선택했다. 그렇게 계속해서 좋은 선택을 하다 보니, 정말로 감사편지를 쓰고자 했던 선택은 대부분 내게 좋은 결과를 가져다주었다.

그 과정을 통해서 나는 알게 모르게 많은 도전을 했던 거고, 성취감을 느꼈고, 자존감과 자신감을 찾게 되었다. 그래서 이제는 인생에서 선택하고 새로운 도전하는 것을 미리 걱정하거나, 두려워하지 않게 되었다. 그리고 결과가 당장 안 좋아 보일 때에도 내 선택이었기에 환경을 탓하거나 다른 이를 탓하는 일도 자연히 줄어들었다.

이렇게 책을 내고 감사편지를 알리는 것도 평범한 주부였던 내겐 엄청난 선택이었지만, 두렵지는 않다. 감히 기적이라고 부를 수 있는 그런 변화들을 나눌 수 있기에 설렌다. 그리고 이 책을 읽는 누군가는 내가 그랬던 것처럼 감사편지 쓰기를 선택할 것이고, 그들의 인생이 빛날 것이기에 더욱 설렌다. 그리고 그 빛나는 인생을 미리 축하하고 싶다.

순수한 감사를 담아
선물하라!

이영석 대표에게 배운 것 중 하나가 바로 선물의 위력이었다. 이
영석 대표는 선물이 얼마나 위력적인지 강조하셨고, 나는 그것을
삶에 적용해보기로 했다. 그래서 나는 이영석 대표를 만나러 갈
때도 선물을 사서 갔다. 케이크나 쿠키 같은 것을 사갈 때도 있었
고, 껌이나 커피 한 잔을 사갈 때도 있었다. 식사를 함께할 일이 있
으면 몰래 나가서 밥값을 계산했다. 일반적으로 돈을 많이 버는
사람이나 나이가 더 많은 사람이 밥을 사지만, 나를 만나주고 시
간을 써주시는 것에 대한 감사의 표시로 내가 계산했다. 이 모든
것을 선물이라 생각했고, 결과적으로 선물 비용에 비할 수 없을

만큼 큰 가치를 얻었다.

- 〈나는 1주일에 4시간 일하고 1000만원 번다〉 중에서

나는 감사쪽지나 카드를 전하면서 항상 선물을 같이 했다. 편지 같은 경우는 우편으로 부칠 수도 있지만, 작은 쪽지나 카드는 그것만 주기는 조금 민망하게 느껴졌기 때문이다. 무슨 대단한 선물을 한 것은 아니었다. 캔커피 같은 작은 음료에서부터 평소 직장 동료가 자주 먹거나 마시는 것들을 봐두었다가 거기에 함께 붙여주는 식이었다.

강의를 하다 보면 자주 입이 쓰기도 하고, 쉽게 허기가 지기도 해서 나는 항상 초콜릿이나 사탕 같은 간식거리를 교실에 두곤 했었다. 사탕도 종류별로 몇 봉지씩 사 두고 아이들이랑 나눠 먹기도 했다. 그런데 가끔 동료가 교실에 찾아왔다가,

"어? 이거 나 어렸을 때 자주 먹었던 사탕인데! 이거 아직도 나와요? 저도 하나 주세요!"

"이거 내가 진짜 좋아하는 사탕인데 보니까 하나 먹고 싶네요!" 하면서 달라고 하는 경우가 있었다. 그렇게 나는 동료가 어떤 간식거리를 좋아하는지 자연스럽게 알게 되었는데, 작은 도움이라도 받았을 때는 나는 그들이 좋아한 사탕을 기억했다가 한 봉지 사서 감사쪽지를 붙여 주곤 했다. 그럼 그 사람들도 내가 자기가 좋아하는 것을 기억했다는 사실에 기뻐했고, 그냥 베푼 도움이나 친절에 쪽지

까지 붙여주니 더욱 좋아하기도 했다.

요즘 다들 커피숍에서 음료를 사먹으면 으레 쿠폰을 받는다. 10개째 무료 음료는 보통 아메리카노인 경우가 많다. 나는 커피도 달콤한 것을 좋아해서 바닐라 라떼나 카라멜 마끼아또 같은 것만 마시기에, 그렇게 쿠폰을 모아두었다가 동료에게 선물로 주거나 아니면 출근길에 아예 커피로 바꾸어서 간단하게 쪽지를 붙여 건네주기도 했다. 그러면 그들은 환하게 웃으며 좋아했다.

한때 선물은 뭔가 대단하거나 비싼 것이 무조건 좋다고 생각했다. 그래서 굳이 비싼 것이 아니라도 상관없다고. 아주 사소한 선물이라도 괜찮으니 주변에 선물을 많이 하라는 책을 보면 '에이… 그래도 그렇지. 명색이 선물인데.' 하면서 그냥 넘기곤 했다. '매달 빠듯한 형편에 나한테 쓸 돈도 없는데 굳이 선물까지 해야 하나' 라는 생각이 크기도 했다.

솔직히 사탕 한 봉지, 캔 음료 하나를 선물이라 명명하기가 민망할 수도 있다. 하지만 이런 식으로 작은 것들을 진심이 담긴 감사쪽지와 함께 전하면 그것도 매우 좋은 선물이 되고, 추억이 됨을 알게 되었다. 나는 큰돈을 들이지 않고도 얼마든지 주변에 많은 선물을 할 수 있음을 감사편지를 쓰고 전하면서야 깨닫게 되었다. 내가 받았을 때도 생각보다 정말 기분이 좋았다. 오히려 상대방이 별것 아닌 도움을 주었다고 생각하는데 과한 선물을 해서 마음의 부담을 주는 것보다 감사도 전하면서 나름의 작은 이벤트도 되니 좋은 방법이라고 생각한다.

무엇보다 그런 작은 것들이 선물이 되기 위해서는 상대방에 대한 애정과 관심이 있어야만 한다. 나는 커피쿠폰을 10개 모아 동료에게 쪽지와 함께 준 적도 있지만, 그건 그 사람이 아메리카노를 잘 마신다는 것을 알고 있기 때문이었다. 만약 나처럼 바닐라라떼 같은 종류의 커피만 마시는 사람이었다면 그 쿠폰은 그냥 자기에게 선심을 가장하여 버린 것 같은 기분이 들 수도 있을 것이다. 그 쿠폰을 아메리카노로 직접 바꿔서 줄 때도 마찬가지다. 카페인에 민감해서 커피를 아예 안 마시는 사람인데 여름이라 해서 무조건 아이스 아메리카노를 갖다 준다고 해서 반가울 리 없다. 나는 커피를 좋아하지만 아메리카노는 마시지 못한다. 너무 쓰기 때문이다. 대신 더치커피는 마시는데 물을 많이 타서 마시면 고소하기도 하고 우유와 섞어 마셔도 맛있다. 그런 식으로 커피를 좋아한다고 해도 유심히 보면 취향이 다른 경우가 많다.

예전에 한 번 말했을 뿐인데 어느 날 동료가 "이거 좋아한댔지요?"라며 사탕 한 봉지에 감사쪽지까지 붙여서 준다고 생각해보라. 얼마나 감동할까. 물론 엄청난 감동이 아닐 수도 있다. 하지만 최소한 당신이 그 사람에게 애정과 호감을 느끼고 있다는 것은 충분히 전달된다. 이렇게 오히려 사소한 선물이 마음을 전하기에 주는 사람이나 받는 사람 모두 부담 없으면서 진심을 전하기에 매우 좋은 선물이 될 수 있다.

나는 한때 마음이 허할 때 홈쇼핑에 빠져들었던 적이 있었다. 특히 초라한 내 모습을 조금이라도 가려보려고 화장품을 많이 샀었다. 홈쇼핑에서 물건을 사본 사람은 알겠지만, 가격 대비 어마어마한 구성과 양이 장점이 될 수도 있지만 사실은 막상 받아 써보면 혼자 다 쓰기엔 너무 많다. 그 많은 양을 한정된 시간 안에 쓰기도 힘들거니와, 분명 쓰지 않는 물건들이 생긴다. 나는 그걸 친정엄마와 동생에게 선심 쓰듯 선물이랍시고 주었다. 그러면서 내가 베푼다고 생각했고, 그들도 어차피 공짜로 새 물건을 받는 것이니 좋아할 것이라고 내 마음대로 생각했다.

그런데 어느 날 친정엄마와 동생이 한마디 했다.

"인제 그만 줘! 그 전에 준 것도 많고, 솔직히 우리도 이거 굳이 없어도 되는 건데, 자꾸 쌓이니 오히려 처치 곤란이야! 만날 돈 없다고 하면서 이런 데 돈 쓰지 말고 돈 조금 더 주더라도 언니 필요한 것만 사! 이제 우리 주지 마! 하나도 안 반가워!"

나는 너무 충격이었다. 금전적으로 어려워서 딱히 용돈을 더 드릴 수도, 식사 대접을 하지도 못하니 그렇게라도 내 마음을 표현한다고 했던 것인데 받아들이는 사람은 그게 아니었던 모양이다. 감사편지를 쓰고부터는 화장품이나 쓸데없는 물건에 대한 집착도 줄어 그런 식으로 물건을 처리하는 일도 확연히 줄었다.

선물은 받아들이는 사람의 기준에 따라 달라진다. 같은 사탕을 주더라도 초콜릿을 좋아하는 사람에게 주면 의미가 없지만, 아무도 자신이 어떤 사탕을 좋아하는지도 모른다고 생각했는데 어느 날 누군가가 내 말을 기억하고 그 사탕을 준다면 그건 분명 기분 좋은 선물이 된다.

그것을 알아내기 위해서는 평소에 그 사람에게 좋은 감정과 관심을 두고 지켜보거나 그 사람의 이야기를 들어야 함은 두말할 필요도 없다. 그런데 우리가 모든 사람에게, 모든 동료에게 그렇게 하기란 힘들다. 그래서 나는 감사편지가 더욱 좋은 수단이라고 생각한다. 평소에 매일같이 남들에게 지대한 관심을 쏟으란 것이 아니라 감사 쪽지를 쓸 일이 생기면 그때부터 하루나 이틀 정도 유심히 지켜보아도 그동안은 알지 못했던 상대방의 취향이나 관심사에 대해 많은 것을 알게 된다.

'안테나 이론'이라는 것은 어디에나 통한다. 내가 안테나를 그쪽으로 세우면 분명 걸려드는 정보가 있다. 그러니 감사쪽지나 카드를 그냥 주는 것도 좋지만, 그 사람이 즐겨 마시는 음료 하나라도 알아내서 함께 주는 것을 추천한다.

앞서 말한 것처럼 나는 감사편지를 쓰기 전에는 당연히 선물하는 것이 좋다는 것은 알고 있었지만, 왠지 모르게 부담이 되었었다. 특히 유명한 분에게 선물할 때는 왠지 모르게 고가의 선물을 해야 할 것 같은 부담감에 오히려 안 하게 되는 일도 있었다. 그런데 오로지 감사편지를 전하겠다는 그것 하나에 집중해서 편지를 전하기 위한 수단으로 작은 것들을 함께 선물하기 시작하니 오히려 받는 사람도 부담 없이 받으며 좋아하는 걸 느낄 수 있었다. 내가 순수하게 감사를 전하기 위해 작은 선물을 한다는 것을 그분들도 느끼는 것 같았다.

내가 그들에게 선물한다고 해서 그들이 내게 무엇인가를 해줄 것이라는 기대는 당연히 하지 않는다. 유명 저자는 한 번 보고 못 보는 경우가 더 많은데 그런 기대를 한다는 것이 오히려 이상하다. 나중에 다시 만나게 되어 나를 기억해주었을 때는 그것만으로 정말 큰 선물을 받은 것처럼 기쁘기도 했다. 무엇보다 감사쪽지나 카드를 전해보면 알겠지만, 그 과정에서 기분이 좋고 좋은 일들이 더 많이 생긴다. 그것만으로도 주변에 충분히 선물을 하는 이유가 된다.

주고, 주고
또 주는 사람이 되려면

"'성공의 비결은 주는 것이야.'라고 말하면 대부분 사람은 웃어 버린다네. 그리고 한 가지 더. 그들은 대체로 자기가 원하는 성공 근처에도 도달하지 못하지."

(중략)

"대다수 사람은 벽난로더러 '나한테 열기를 먼저 주면 장작을 던져주마.'라는 식의 사고방식을 가지고 있다네. 은행에게 '내 돈 이자를 먼저 주면 계좌를 만들겠소.'라고 말하는 것과 똑같지. 물론 그런 식으로는 아무것도 얻을 수 없어."

- 〈레이첼의 커피〉 중에서

어느 날 친정에 갔다가 예전에 읽고 놔두었던 〈레이첼의 커피〉라는 책을 발견했다. 이런 책도 내가 샀었구나 싶어 훑어보다가 놀랐다. 이 책은 '핀다'라는 거부가 원하는 것은 무조건 얻고야 마는 '조'라는 사람에게 성공의 법칙을 하나씩 알려주는 이야기였다. 그런데 그가 가장 중요하게 강조하는 법칙이 바로 '주고 주고 또 주라'였다. 흥미롭게도 이 책의 원제는 'The GO-GIVER'로 우리말로 하면 아낌없이 주는 사람, 또는 주고 주고 또 주는 사람 정도로 해석될 수 있다. 결국 주는 것만이 성공으로 가는 지름길이라는 것을 계속 강조하고 있었다. 그것이 물질이든, 도움이든, 친절이든 무조건 사람들에게 주고 베풀라는 것이었다.

사실 성공과 부에 관한 책을 보면 모든 책에서 공통으로 강조하는 메시지 중 하나가 바로 '아낌없이 주어라, 베풀라'였다. 가끔 상대방으로 하여금 '빚지게 하라', '다른 사람에게 이익을 안겨주라'라는 식으로 표현되기도 했지만, 결국 '끊임없이 주어라', '아낌없이 주어라'라는 것이 공통된 메시지였다. 그리고 그것은 꼭 물질적인 것이 아니라 '칭찬 한마디'도 충분히 주는 것임을 말하기도 했다.

많은 사람이 give and take를 알고 있다. 분명 give가 먼저임에도 사람들은 여전히 상대가 먼저 주면 나도 주겠다는 식의 입장을 취한다.

미국의 심리학자 애덤 그랜트는 〈Give and Take〉라는 저서에서 인간을 자신의 이익을 최우선시 하며 주는 것보다 더 많은 이익을 챙기려는 사람(테이커, taker)과 받은 만큼 되돌려주는 사람(매처, matcher), 그리고 이익을 생각하지 않고 오히려 자신이 받은 것보다 더 많이 주기를 좋아하는 사람(기버, giver)의 세 가지 유형으로 분류하고, 그중 가장 성공하고 돈이 많은 사람은 기버(giver)의 유형에 속한다는 것을 발견했다.

이렇듯 분명 가장 크게 성공한 이들이 giver에 속하고, 그렇기에 수많은 성공한 사람들이 먼저 주라는 것을 강조한다. 다들 그것이 좋다는 것은 알지만 실제로 실천하기는 어렵다. 작은 것이라도 선물하라는 메시지를 부담스럽게 느꼈던 것처럼 사람들에게 베푼다는 것이나 이익을 안겨준다는 것 또한 내가 가진 것이 많아야, 그것이 대단한 것이어야 한다고 생각하기 쉽기 때문이다. 대가 없이 베푼 친절이나 도움, 칭찬 한마디 또한 주는 것이 된다는 생각을 잘 하지 못한다.

그리고 우리는 사회생활을 하면서 어쩔 수 없이 크고 작은 경쟁을 하게 된다. 그래서 내가 어떤 정보를 주는 것이, 공유하는 것이, 경쟁자로 하여금 이익이 생기고 나는 손해를 본다는 생각이 강하다. 나는 수업을 하면서 생기는 노하우를 아낌없이 공유하곤 했다. 하지만 실컷 내 이야기를 듣고는 "저는 별다른 방법이 없어서요." 하고 자기 방식은 절대 이야기하지 않는 사람이 많다. 어차피 나도 대부분 책을 통해 아이디어를 얻고 실행하면서 내 나름의 방식을 만든 것이기에 온전히 내 것도 아니지만, 시행착오를 겪으면서 얻은 노하우를 아낌없이 나누는데 듣기만 하는 사람들을 볼 때면 안타까운 마음이 든다. 그런 사람들치고 크게 인정받는 경우를 보지 못했다. 오히려 강사회의나, 발표회에서 자신의 노하우를 아낌없이 나누는 분들이 잘되는 경우를 자주 보았다. 그래서 자기의 노하우라고 꽁꽁 싸매고 있는 것보다 어쨌든 '사람들과 나누는 것이 결국 다 같이 잘되는 것이구나, 내 발전에 도움이 되는 것이구나.' 하고 깨닫게 되었다.

하지만 그랬던 나도 사람들에게 내가 '줄 수 있다. 줄 것이 많다'는 생각은 하지 못했다. 솔직히 감사편지와 선물을 그렇게 전하면서 한동안 나는 책을 읽지 않았기에 그런 성공자들의 메시지들을 생각하면서 편지를 준 것은 아니었다. 내 일을 하면서 거기에 감사편지를 쓰고 전하는 일만 더했을 뿐인데, 책을 읽으니 그런 메시지들이 눈에 들어오기 시작한 것이다. 분명 그전에도 보았던 메시지들이었을 텐데 그때는 공감할 수 없었던 탓인지 머릿속에 남지 않았다. '그 사람들이야 성공했으니, 나눌 것이 많은 사람들이니, 여유가 많으니 그런 소리를 하는 거지. 매달 빠듯하게 사는 사람한테 이게 가당키나 해? 줄 게 있어야 주는 거지. 아무것도 없는 사람은 뭘 주라는 거야. 빚내서 줄 순 없잖아!' 라고 생각한 정도 있었다.

하지만 나도 모르는 사이에 감사편지를 쓰면서 끊임없이 아무런 대가 없이 주는 것을 반복하였다는 것을 깨달았다. 처음에 밝혔듯, 나의 가장 중요한 원칙은 '대가를 바라지 않는다. 고맙다는 말조차 바라지 말고 감사편지를 쓰고 전한다.'였다. 물론 많은 사람이 기뻐하거나 도리어 내게 더 고맙다고 하기도 했지만, 분명 아무 반응이 없는 사람들도 있었다. 하지만 나는 또 한통을 전했다는 그것 하나로 충분히 만족했다. 그리고 내가 자주 감사쪽지를 전하게 되는 사람 중에는 자기만 받아서 어떡하느냐고 곤란해하기도 했지만, 그 역시 개의치 않았다. 일단 그렇게 부담스러울 만한 선물을 한 것도 아니었고, 그 사람이 인사치레로 한 말이었다 하더라도 역시 신경 쓰지 않았다. 내가 만약 '내가 이렇게 주는데 왜 저 사람은 답장 한 번 안 해? 음료수 한 번을 안 사?'라고 생각했다면 그렇게 끊임없이 주변에 감사편지를 뿌리다시피 하며 다니진 못했을 것이다.

나를 위해 감사편지를 전하면서 나는 자연스럽게 작은 선물을 같이 하게 되었고, 또 상대방이 고맙다고 표현하든 안 하든, 답장하든 안 하든 계속해서 대가를 바라지 않고 주는 행동을 계속하게 되었다. 하지만 결과적으로 나는 그랬던 덕분에 사람들이 내게 감사를 표현할 때 더 큰 감동과 감사를 느낄 수 있었고, 그들에게 내가 바라는 것이 없었기에 그들 또한 부담 없이 내 진심을 받아들일 수 있었다고 생각한다. 그 진심이 전해져서 결과적으로 내게 더 큰 긍정적인 에너지가 돌아왔고, 그 덕분에 나는 점점 더 진심으로 감사와 긍정적인 기운이 넘치는 사람으로 변해갈 수 있었다.

성공한 사람들이 1순위로 꼽는 요소가 긍정과 감사인 것을 생각한다면 단순히 감사쪽지나 카드를 쓰고 전하는 행동들을 통해 나는 자연스럽게 최고의 성공요소를 얻게 된 것이었다. 그리고 그것은 마인

드의 변화에서 끝나는 것이 아니었다. 내 관점, 행동, 습관 모든 것에서 변화를 일으켰고, 그것은 실로 '나비효과'라고 부를 수 있을 만큼 내 인생 전반에 걸쳐 기적적인 변화들을 이끌어내었다.

진심으로
타인의 성공과 행복을
축복할 준비

자네가 전에 말했지? "행복해 보이는 사람을 진심으로 축복할 수가 없다"고 말이야. 그것은 인간관계를 경쟁으로 바라보고 타인의 행복을 '나의 패배'로 여기기 때문에 축복하지 못한 걸세. 하지만 일단 경쟁의 도식에서 해방되면 누군가에게 이길 필요가 없네. '질지도 모른다'는 공포에서도 해방되지. 다른 사람의 행복을 진심으로 축복할 수 있게 되고, 다른 사람의 행복을 위해 적극적으로 공헌할 수 있게 되네. 그 사람이 곤경에 처했을 때 언제든 도움의 손길을 내어줄, 믿을 수 있는 타인. 그것이 친구가 아니면 무엇이겠나.

(중략)

중요한 건 지금부터야. '사람들은 내 친구다'라고 느낄 수 있다면 세계를 보는 눈이 매우 달라질 걸세. 더는 세계를 위험한 장소로 보지도 않고, 불필요한 시기심이나 의심에 눈이 멀지도 않을 걸세. 대신에 세계가 안전하고 쾌적한 장소로 보이게 되겠지. 인간 관계에 관한 고민도 눈에 띄게 줄어들 걸세.

- 〈미움받을 용기〉 중에서

성공과 부에 관한 책들을 집중적으로 읽다 보니, 공통적인 메시지 중 하나가 바로 남의 성공과 행복을 진심으로 축하하고 축복해주라는 것임을 알게 되었다. 어느 날 잠이 안 와서 거실에 나와 스마트폰을 가지고 이런저런 영상을 보다가 오프라 윈프리 쇼에서 '시크릿'의 실제 주인공들이 출연한 에피소드를 보게 되었다.

그들과 오프라 윈프리는 입을 모아 진심으로 계속 말했다. 다른 사람의 성공을 진심으로 기뻐해주라고. 오프라 윈프리는 자신의 지인이 상을 받았을 때 자기가 더 기뻐서 눈물이 났다. 나는 그 말에 꽤 충격을 받았다.

'내가 받은 것도 아니고, 아무리 가까운 친구나 지인이라지만, 지인의 경사에 눈물이 날 정도로 기뻐한다고? 그것이 가능한가?'

한편으로는 '오프라 윈프리처럼 성공한 사람이니, 그 모든 것을 다 가졌는데 세상에 딱히 경쟁할 수 있는 사람이 몇이나 되겠어? 다른 사람이 잘되는 것이 자신의 성공에 아무런 영향을 미치지 않으니 실컷 기뻐할 수 있겠지.' 하고 생각하기도 했다.

나도 지인의 좋은 소식에 당연히 축하하고 진심으로 기뻐하기도 했다. 그런데 그것은 나의 상황에 따라 달라졌다. 내가 일이 잘 풀리고 인정받는 시기에는 주변 사람들의 좋은 소식에 얼마든지 축하했지만, 안 좋은 일이 있거나 일이 잘 풀리지 않을 때는 그런 이야기를 들으면 겉으로는 축하했으나 돌아서면 '나는 뭐 하고 있는 거야? 쟤는 저렇게 잘나가는데 내가 뭐가 못나서 이러고 있지?'라는 생각이 들기 일쑤였다. 그러면서 '나보다 특별히 잘난 것도 없는데, 어쩌다 운이 좋아서 그런 거지.'라며 상대방의 노력이나 능력은 인정하지 않으려는 정말 못난 모습이 나오기도 했다.

하지만 상대방의 경사에 짧게라도 감사카드를 쓰다 보니 정말로 그들의 일에 진심으로 기뻐하고 있는 나를 발견할 수 있었다.

한번은 대학 동창들끼리 모여서 이야기를 하던 중이었다. 그중에 한 친구는 한국에서 박사과정을 수료 후 결혼과 동시에 남편과 미국으로 유학을 갔고, 그곳에서 고생 끝에 졸업논문을 마무리하고 졸업을 앞둔 상태였다. 그리고 본인이 그렇게 원했던 직장에서 일단 봉사활동이긴 하지만 자리를 얻어 일할 기회도 생겼다고 했다. 듣다 보니 그 기회를 잡는 과정이 꼭 드라마 같았다.

한국에 잠시 왔다가 이런저런 고민을 안고 다시 미국행 비행기를 탔는데, 그 당시 친구는 졸업 논문도 통과되지 않은 상태에 앞으로의 미래가 걱정돼서 좌절감에 빠져 있던 상태였다. 그런데 우연히 옆자리에 앉은 분과 대화를 나누면서 앞으로의 계획에 대해서도 자연스럽게 이야기를 나누게 되었는데, 마침 그 친구가 일하고 싶다고 한 곳에 자신이 연결해줄 수 있을 것 같다며 메일주소를 알려달라고 해서 별생각 없이 알려주었다고 한다. 그리고 친구는 그 일을 잊고 지냈는데, 어느 날 정말로 그분에게 그곳에서 봉사활동할 수 있는 기회가 있는데 해보지 않겠냐는 메일을 받은 것이다.

친구는 마침 졸업논문도 통과되었고, 너무나 기쁜 마음으로 그곳에서 일하기로 했다며 좋은 소식을 알려왔다. 그곳에서 봉사활동 자리를 얻은 것 자체도 엄청난 기회였고, 당연히 잘하면 또 다른 기회로 연결될 것이기에 친구들 모두 진심으로 축하했다.

나는 꼭 친구의 이야기가 예전에 읽었던 우연히 비행기에서 백만장자를 만나 이야기를 나누며 부자가 되는 비결을 듣는 〈밀리언달러 티켓〉이라는 책과 닮아서 책에서나 보는 에피소드 같다며 진심으로 축하했다. 이런 운 좋은 친구들이 내 주변에 있으니 나도 운이 진짜 좋은 것 같다며 기뻐했다.

당시는 친정엄마가 우리 아이를 봐주시다가 넘어지는 바람에 인공관절을 넣고 철심을 박는 큰 수술을 받으신 직후였다. 하필 우리 아이를 봐주시다가 그렇게 되어서 한동안 죄책감에 시달리기도 했고, 수술 비용을 드려도 모자랄 판에 아무것도 해드리지 못해 심적으로 힘든 시기를 겪고 있었다. 하지만 그런 나의 상황과 관계없이 친구의 좋은 소식에 나는 진심으로 기뻐하고 있었다.

문득 그런 나의 모습에 스스로 놀라기도 했다. 솔직히 처음에는 주변에 좋은 일이나 축하할 일이 생기면 '와, 이걸로 감사카드를 하나 더 쓸 수 있어 잘됐다.'는 아주 일차원적인 생각으로 좋아하기 시작했었다. 그런데 그것들이 쌓이니 주변에 좋은 일이 생기면, 카드를 쓰면서 더욱 감사한 것들이 연이어 떠올라 짧게 카드를 쓴다는 것이 편지가 된 적도 종종 있었다. 그렇게 다른 이의 경사를 감사하다 보니, 내 상황과 상관없이 진심으로 축하하고 기뻐하게 되었다.

생각해보면 과거에는 아무리 내 친구고 지인이라 해도 나도 모르게 그들을 경쟁자로 인식하고 있었던 것 같다. 이제는 나도 잘되고 그들도 잘될 수 있음을 잘 알고 있다. 그들이 잘된다고 해서 내가 성공할 확률이 줄어드는 것이 아님을 너무나 잘 알고 있다. 우주의 자원은 무한하기에 누구나 원하는 만큼 다 가질 수 있다고 한다. 하지만 그런 말을 믿는 사람은 아주 소수에 불과하고, 그것을 믿는다 하더라도 실천으로 옮기는 사람은 더더욱 적다.

남의 성공에 진심으로 기뻐하는 것이 내가 원하는 것을 더 빨리 끌어당기는 법이라고 한다. 하지만 그것을 실제로 할 수 있는 사람이 얼마 되지 않는다.

내 현실이 힘든데 다른 이를 진심으로 축하하기가 얼마나 어려운지 나도 너무나 잘 알고 있다. 하지만 감사편지를 쓰면서 상대방의 좋은 일에 같이 기뻐하고, 그 기쁨을 함께 나눌 수 있는 것에 감사하다 보면 어느새 다른 이의 성공을 진심으로 축하하고 축복하는 자신을 발견할 수 있을 것이라 확신한다.

CHAPTER 4

감사편지로
긍정과 나눔을
배우다

내 안에 잠든
거인을 깨우다

앞서 고백했지만, 나는 한때 내가 진짜로 감사할 줄 아는 사람
이고 긍정적인 사람인 줄 굳게 믿었다. 물론 그것이 완전히 잘못된
것은 아니다. 그렇게 믿었기에 보통사람의 기준으로 봤을 때는 정
말 정신없고 바빠 보이는 생활을 하면서도 행복한 시절을 보냈으니
까. 그것만으로도 충분히 감사할 가치가 분명 있다. 하지만 내가 모
든 것에 감사할 줄 아는 사람이라고 착각하며 지냈던 것은, 냉정하
게 말하면 실제 주변에서는 그마저도 안 하는 사람이 많아서였던 것
같다.

남을 가르치는 직업을 가진 사람이라면 으레 책을 가까이할 것으

로 생각하기 쉽다. 하지만 자기 분야와 관련된 책도 읽지 않거나 읽기 쉬운 자기계발서마저 헐뜯으며 그런 책을 읽는 사람을 무시하는 사람도 뜻밖에 많았다. 한번은 동료 사이에서 회의주의자로 유명했던 한 원어민 파트너가 내가 자기계발서를 읽고 있는 것을 보고 말했다.

"그건 루저의 책(Loser's book)이야. 왜냐하면 루저(Loser)들이 현실 도피하려고, 현실을 잊으려고 읽는 거니까. 볼 때뿐이지 보고 나서 현실은 여전히 루저(Loser)잖아!"

아주 무례하기 이를 데 없었다. 그런데 그 말을 듣고 반박할 수 없었다. 내 영어가 그렇게 논리정연하게 설명할 만큼 안 되었던 이유도 있고, 무엇보다 이상하게 설득이 되었기 때문이다. 사실 자기계발서를 깎아내리는 사람들의 이유도 그것 아닌가. 읽을 때는 무엇이든 할 수 있고, 가질 수 있을 것 같지만 덮고 나면 현실은 여전히 똑같다고. 그걸로 인해 변하는 사람은 없다고. 암울한 현실을 잊기 위해 헛된 희망이나 품게 하면서 그런 책에 매달리게 한다고 말이다. 누군가는 심지어 그것을 마약과 같은 존재라고 비판했던 것을 어디선가 본 기억도 난다.

하지만 그것은 책의 문제라기보다 책을 읽는 사람에게 달렸다. 무엇이든 하지 않으면 아무 변화가 일어나지 않는 것은 너무나 당연하다. 아무리 잘 알려진 다이어트 제품이나 방법이라도 하는 사람이 규칙적으로 제품을 먹고, 식사량을 조절하고, 운동을 하지 않으면 효과가 없듯이 말이다. 같은 약을 먹어도 얼마나 잘 실천하느냐에 따라 어떤 사람은 금방 효과가 나타나고 어떤 사람은 심지어 더 찌듯이. 과거에 나도 그랬던 적이 있다. 약을 믿고 밥을 더 많이 먹었던 그런 암울한 기억, 그리고는 아무 효과도 없다며 다이어트 약은 모조리 사기라고 외쳤던 그런 과거.

꼭 그때의 나처럼 끌어당김의 법칙을 잘못 이해해서 정말로 '생각만으로, 상상만으로' 자신이 아무것도 안 해도 어느 날 갑자기 그것이 기적처럼 이루어질 것이라는 환상을 가진 사람들이 아직도 많은 것 같다.

솔직히 고백하면 나는 한때 '시크릿'류의 책에 빠져있다가 부작용으로 고생했다. 긍정적인 생각만 해야 한다고 하는데 사람이 살다보면 24시간 내내 그럴 수 없다. 가끔 짜증이 나거나 우울할 때면 '어떻게! 나 부정적인 생각했어! 이런 부정적인 생각이 더 부정적인 상황을 끌어오면 어떡해!' 하며 오히려 부정적인 생각으로 자꾸 더 빠져들었다. 심지어 공포심마저 들 정도였다. 그래서 한동안 아예 책을 멀리한 적도 있다. 지금은 실행력을 강조한 책들이 많이 나와서 다들 행동이 따르지 않으면 효과가 없다고 어느 정도 알고 있는 것 같지만, 그래도 여전히 자신은 하라는 대로 계속 '생각'하고 '상상'했는데, 하라는 대로 '했는데' 왜 안 이루어지냐고 하는 사람들이 있다. 그들은 정말로 '상상'만 하고 했기 때문이라는 것을 모른다.

그런데 감사편지를 꾸준히 써보고야 알았다, 무엇이든 꾸준히 하면 효과가 분명 나타난다는 것을. 그리고 10년 이상 어설프게나마 이것저것 여러 종류의 방법을 시도해보았던 나로서는 감사편지만큼 꾸준하게 지속시키면서도 즉각적인 효과를 내는 강력한 것을 발견하지 못했다.

감사편지는 자기계발서의 모든 것이 집약된 완전체였던 것이다.

하지만 아이러니하게도, 내가 감사편지를 쓰게 된 결정적인 계기가 된 책 〈365 Thank You〉의 저자는 책의 마지막에서 이렇게 밝혔다.

"나는 감사편지 쓰기를 어떤 자기계발 시스템으로 보지 않았다. 더욱이 내 삶이 실제보다 더 나은 것으로 믿도록 착각하게 하거나 인위적인 웰빙 상태를 만들어내기 위한 새로운 긍정 심리의 접근법으로 간주하지 않았다. 나는 근 50년 전에 할아버지가 내게 가르치고자 했던 하나의 습관에 단순히 몰두했을 뿐이다. 비과학적이고 단순히 감정에 호소하는 위험을 무릅쓰고 나는 감사편지를 쓰는 것은 좋은 일이며 세상을 더 착한 곳으로 만들어준다고 감히 말한다. 그것은 나 역시도 더 착한 사람으로 만들었다. 성공 또는 물질적 성취를 넘는 그 이상의 것, 이것이 내가 추구했던 것이다. 나는 아직도 할아버지에게 두 번째 감사편지를 빚지고 있다."

- 〈365 Thank You〉 중에서

돈을 좇으면 돈이 오지 않는다고 했던가. 감사를 그렇게 좇을 때 진정한 감사는 오지 않았다. 남에게 보이기 위한 감사였기 때문이다. 감사할 줄 알고, 긍정적인 사람처럼 보이고자 하는 열망이 더 컸다. 그런 사람으로 인정받고 싶었다. 그렇기에 나는 가짜 감사에 물들었었다.

자기계발서들을 보면서 자기계발이란 것을 하려고 노력할 때에도 딱히 크게 변하는 것을 느끼지 못했다. 그래도 나름 10년이란 시간을 웬만하면 책을 읽으려고 노력했던 덕분에 무조건 읽기만 하는 상태를 벗어나, 이런저런 시도도 해보며 조금씩 변하기는 했다. 하지만 감사편지만큼 강력한 것을 발견할 수는 없었다. 감사편지는 시작하자마자 주변에서 즉각적인 반응이 왔고, 아무런 대가 없이 나를 위해 쓴 것이기에 내가 받는 기쁨과 감사는 상상 이상으로 더 컸다. 그렇기에 내부의 동기부여뿐 아니라 외부에서도 동기부여가 생겼다.

내가 365통의 감사편지를 다 쓰고 이 책을 다시 펼쳐보았을 때 문득 이 부분이 눈에 들어왔다.

일주일 뒤 내 수술 집도의가 내 편지보다 훨씬 길고 정중한 답장을 보내왔을 때 나는 깜짝 놀랐다. 그 편지 속에서 그는 나를 실로 감동시키는 말을 했다.

"환자들이 특별히 잘 살아가고 있을 때, 의사들이 오래전 치료에 대해 피드백을 받는 일은 흔치 않아요. 그래서 난 정말 당신의 편지가 반가웠죠."

나처럼 그의 환자들 대부분은 오직 고통만 기억하거나 아니면 새로운 증상에 대해 불평만 하고 있었던 것이다. 잘 지내는 사람들은, 글쎄, 아무런 말도 하지 않을 따름이었던 것이다.

- 〈365 Thank You〉 중에서

그래서 내가 다니던 병원에 감사편지를 전했을 때 원장님께서 그렇게 기뻐하시며 전화를 주셨구나 하고 다시금 깨달았다. 나 자신이 진심으로 특별한 존재처럼 느껴졌다.

우울증을 겪거나 항상 부정적인 사람들을 보다 보면 자존감이 매우 떨어져 있다는 공통점을 발견할 수 있다. 특히 부정적인 사람들 중에는 다른 사람을 깎아내려야 자신이 올라간다고 생각하는 듯한 사람들이 많다. 다른 사람들보다 자신이 훨씬 낫다고 자꾸만 드러내고 싶어한다. 사람들이 알아주길 바란다. 하지만 그럴수록 그런 말을 하는 사람이 매우 못나 보인다. 자신을 알아주지 않는다고 세상을 향해 분노하기도 한다.

나는 분노도 하나의 에너지라고 생각한다. 그것을 좋은 쪽으로 돌리면 분명 훨씬 더 큰 힘을 낼 수 있다. 하지만 나는 그런 에너지를 그 당시에는 생산적인 쪽으로 쓰지는 못했다. 나는 하고 싶은 것이 많은데 현실이 따라주지 않는다고 분노했다가, 점점 '아… 나는 정말 아무것도 아니구나. 나는 사회에 있어도 그만, 없어도 그만인 존재구나.' 점점 나 자신이 초라하다는 것을, 내 가치가 별것 아니라는 사실을 덤덤하게 받아들이기까지 했다.

그랬던 내가 소소하게 주변에 감사쪽지나 카드를 전하면서, 가끔씩 상대방한테서 진심으로 고마워하는 반응을 받다 보니 내 자존감, 존재가치도 함께 올라갔다. 내게 이렇게 다른 사람들을 기쁘게 하는 엄청난 능력이 있구나 하는 것을 깨달았다. 점점 자신의 능력을 믿게 되고, 자신감이 생기는 것이다. 그동안 잠자고 있었던 내 안의 무수한 잠재력을 깨닫기 시작한다. 결국, 자신 안에 잠자고 있던 거인을 깨우는 것이다.

나는 고작 감사편지를 쓰고 전했을 뿐인데 그것을 받은 상대방은 내게 더 큰 감동을 주었고, 그 파장은 엄청났다.

앞서 말했듯 감사편지는 감사를 행동으로 옮기는 가장 적극적이고 완벽한 방법이다. 동시에 내 안의 잠든 거인을 깨우는 가장 단순하면서도 확실한 방법이라고 확신한다. 단순히 감사하는 마음, 감사하는 생각에서 끝나는 것이 아니라 글로 적고 그것을 전하는 행동으로 이어지면 그것은 더 큰 행동을 하게 만들고, 실제로 더 좋은 결과를 끊임없이 만들어내기 때문이다.

생각하는 대로, 말하는 대로, 쓰는 대로 이루어지다

우리 아이는 2.62kg으로 굉장히 작게 태어났지만, 정말 감사하게도 잘 먹고 잘 커주었다. 그런데 한 가지 문제가 밤마다 몇 번씩 깨서 우는 것이었다. 돌을 전후로 해서 그런 현상이 생겼는데, 아이가 16개월쯤 되었을 때 나도 본격적으로 일을 시작하여서 밤에 잠을 제대로 자는 것이 정말 중요했다. 그런데 심할 때는 30분에 한 번씩 갑자기 울어대곤 했다. 밤에 잠을 자는 동안 2~3번만 깨서 울어도 그나마 양호한 편에 속할 정도였다. 그저 안아서 달래면 되는 것이 아니라, 꼭 거실에 나와 진정이 될 때까지 있다가 잠이 들면 안방에 들어가야 했다. 안방에서만 달래주면 계속해서 울어대고, 거실에 나가서 달래주어야 우는 시간이 줄어드니 그것을 밤마다 무한 반복하곤 했다. 시간이 갈수록 나의 인내심도 바닥을 드러내기 시작했다.

어떤 날은 나도 모르게 너무 힘들고 짜증이 나서, "아악!" 하고 아이를 안은 채 발을 동동 구르면서 소리를 질렀다. 그러면 아이는 더욱 자지러지듯 울어댔다. 한번은 정말 나도 울며 "제발… 엄마도 너무 힘들어. 엄마도 사람이야. 이제 그만해. 엄마 이러다 미칠 것 같아." 하고 사정한 날도 있었다.

아마 감사편지를 쓰는 중이 아니었다면, 정말로 무슨 일을 냈을지도 모른다. 그만큼 너무나 힘든 시간이었다. 그런데 어느 날 문득 그런 생각이 들었다.

뇌는 현재와 미래를 구별 못 한다는데, 미리 감사메모라도 써보자고. 감사편지를 꾸준히 쓰면서 운이 확실히 좋아지고, 일단 행동하면 무엇이든 더 나아진다는 확신이 쌓였던 시기였기에 그런 생각이 들자 바로 실천했다. 휴대폰 메모앱에 기록하는 습관이 생긴 이후여서 생각난 대로 바로 휴대폰을 집어들었다.

'아이가 밤새 푹 잘 자서 정말 감사합니다.'라고 정말 내 온 염원을 담아서 그렇게 메모했다.

그런데 신기하게도 그날 밤 아이가 안 깨고 푹 잤다. 나와 남편은 다음 날 아이가 깨서 울지 않았다는 사실에 너무나 놀랐다. 이게 웬 횡재인가 싶었다. 그래서 나는 그날부터 '아이가 밤새 푹 잘 자서 감사합니다'는 미리 감사메모를 하기 시작했다. 어떤 날은 다시 심하게 울기도 했는데 그럴 땐 신기하게도 내가 감사메모를 하지 않은 날이었다.

그런 경험이 반복되자 나는 미리 감사메모를 쓰는 것을 더욱 열심히 하게 되었다. 그렇게 아주 사소한 기회에 '내가 쓰는 대로 이루어진다'는 메시지를 제대로 경험하게 된 것이다.

그러다가 다음 날의 스케줄을 떠올리며 더욱 구체적으로 많은 감사거리를 생각하며 미리 적어두기 시작했다. 그것은 또 의외의 효과가 있었다. 다음 날 일을 미리 머릿속으로 한 번 그리면서 계획을 세우게 된 것이다.

우리 대부분은 일상이 비슷하다. 그날이 그날이다. 나도 마찬가지였다. 그래서 미리 다음 날을 떠올리며 메모하는 것이 그다지 부담스럽지도 않았고, 시간도 얼마 걸리지 않았다. 그러다가 감사편지를 전하게 되는 날이 있으면 혼자 그 상황을 상상하며 '감사편지 잘 전해서 감사합니다. 잡상인으로 오해해서 저지당하면 어떻게 하나 걱정했는데 쉽게 통과하여 정말 감사합니다. 실제로 그분을 뵙게 되어 정말 감사합니다. 그분이 진심으로 기뻐하신 것 같아 정말 감사합니다.' 정도의 말을 추가하며 좀 더 구체적으로 쓰기 시작했다. 미래를 최대한 구체적으로 상상하며 그 느낌까지 느끼면서 기록하면 더 좋다는 이야기를 많이 들었는데 그 역시 자연스럽게 하게 된 것이었다.

하루를 마무리할 때쯤에 메모들을 보면서 내가 미리 써놓은 것 대부분이 그대로 이루어진 것을 확인할 때마다 너무나 뿌듯했다. 그러면서 점점 더 많은 내용을 적기 시작했고, 나아가서 다음 날뿐 아니라 중요한 일이 있는 날, 또는 어느 날까지 성취하고 싶은 목표가 있다면 그 날짜에 미리 감사하는 내용으로 기록하기 시작했다. 그리고 신기하게도 그것이 그대로 일어나는 경험을 자주 하게 되었다.

그러다 보니, 한동안 '시크릿'류의 자기계발서에 빠져 생생하게 꿈꾸고, 상상하면 다 이루어진다는 것을 믿으면서도 막상 현실은 전혀 그렇지 않아 좌절하던 과거와 달리, 점점 더 먼 미래를, 그리고 더 큰 목표를 미리 상상하면서 미래와 현재를 아우르는 감사메모를 매일 쓰는 습관이 생겼다.

예전엔 감사일기가 좋다는 글을 읽고 실천하려 해도 일단 매일 쓰는 것이 너무 힘들고, 매일 써도 그 내용이 그 내용이었다. 그러다 보니 흥미나 동기유발이 점점 떨어졌다. 그래서 일주일 쉬었다가 다시 해보고, 몇 달 만에 또 몇 번 써보고 하는 식으로 하다가 아예 그만두었었다. 그런데 미리 감사한 것들과 현재의 감사한 것들을 함께 가볍게 메모하다 보니, 자연스럽게 감사일기가 되었다.

나아가 '내가 상상하는 대로 그대로 이루어진다'는 믿음까지 생기게 된 것이다. '이루어진다고 믿어야지' 해서 믿게 된 것이 아니라, 감사편지를 쓰다 보니 운이 좋아지고 나 자신에 대한 믿음이 생겼다. 그러다 보니 미리 감사메모를 해보면 왠지 될 것 같다는 생각이 들어서 시작하게 된 것이고, 해보니 정말로 그대로 실현되는 경우를 많이 겪다 보니 더 먼 미래와 더 큰 목표까지 상상하고 그것이 이루어질 것이라는 믿음 또한 자연스럽게 형성이 된 것이다.

나는 과거에 원하는 것들을 보드에 사진으로 붙이고, 또 원하는 것들을 적어서 벽에 붙여놓고 보면서 소리치며 몇 달씩 읽었던 적도 있다. 하지만 별다른 효과를 보지 못했다. 지금 생각해보면 그 방법이 틀렸던 것이 아니라, 가장 중요한 나에 대한 믿음, 그것을 내가 진짜로 이룰 수 있다는 믿음이 부족한 상태이다 보니 무의식에서 자꾸 그것을 거부했던 것이다. 그래서 책에서 '진심으로 믿어라. 이루어진다고 확실히 믿어라. 조금이라도 의심하면 안 된다.'고 이야기하는 것이다. 그런데 문제는 우리 같은 평범한 사람들은 의심하지 말라고 "네, 그러지요. 그럼 믿겠습니다." 하는 존재들이 아니라는 것이다.

지금 당장 '보라색 원숭이를 생각하지 마라!'라고 한다면 당신은 무엇을 떠올리겠는가? 당연히 보라색 원숭이를 떠올릴 것이다.

물론 그래서 모든 문장을 긍정형으로 써야 한다고도 말한다. 하지만 내가 느낀 것은 그런 기법적인 문제들도 중요하지만, 진심으로 자신을 믿는 것이 가장 중요하다는 것이다. 자신을 진심으로 믿는 사람들은 굳이 그렇게 외치지 않아도 할 수 있다는 확신이 있기에 진짜로 이루어낸다. 물론 소리쳐 외치면 확실히 꿈이 이루어지는 속도가 더 빨라지는 것은 맞다. 그리고 당장 강한 믿음이 없어도 자꾸 외치고 반복하다 보면 믿게 되기도 한다. 하지만 문제는 보통 사람들은 강한 믿음이 없는데 그렇게 지속적으로 하기가 힘들다는 것이다. 결국은 믿음이 있는 사람만이 지속하게 된다. 달걀이 먼저냐 닭이 먼저냐 하는 문제와 같아져 버린다.

결국 '어떻게 자기 자신이 할 수 있다고 진심으로 믿게 하느냐'는 것이 문제이다. 그건 바로 작은 성취감들을 꾸준히 느끼는 것이다. 작은 성취감을 꾸준히 느낀 사람들은 자연스럽게 더 큰 것도 이룰 수 있다는 믿음을 가지게 된다. 그러니 당장 큰 목표를 쓰고 읽는 것도 중요하지만, 차라리 그 전에 감사편지를 쓰고 전하는 그다지 엄청난 도전이 아닌 것처럼 보이는 것부터 실천해보는 것이 어떨까?

그리고 내가 나중에 깨달은 것은 보통 사람들은 자신이 진짜 원하는 것이 무엇인지도 모르고, 그래서 자신이 진심으로 이루고 싶은 목표가 무엇인지도 모르고 살아가는 경우가 많다는 것이다. 그렇기에 가슴 뛰는 상상을 하는 것도, 또 무조건 큰 목표를 적으라는 것도 힘들다. 자신이 원하는 것이 무엇인지조차 모르는 사람들이 그것을 어떻게 적겠는가. 슬프지만 나도 그런 사람 중 하나였다. 그렇기에 책에 있는 메시지들을 보면서 '커 보이는 목표'를 적고 '내가 원하는 것 같은(실제로는 그냥 되면 좋을 것 같은) 꿈을 생각해서, '나를 가슴 뛰게 하는 것 같은' 상상을 하면서 따라 하기는 했으나 정말로 이루어지는 경우는 거의 없었다.

그런데 오히려 당장 내 꿈이 무엇인지는 몰라도, 작은 성취감을 느끼다 보면 그때 진짜 원하는 것을 만나기도 한다. 혹은 예전에는 내가 원하는 것들이 이런 것이라고 생각했는데 그런 과정을 통해 그것이 아니라 진짜 원하는 것이 무엇인지를 새롭게 발견하게 되는 경우도 생긴다. 어찌 되었건 당장 나를 설레게 하는 꿈이 없다고, 이루고 싶은 목표 자체가 없다고 절망할 필요는 없다. 자신에 대한 확신만 있다면 그것을 언제 알게 되든 중요하지 않다. 늦게 알게 되더라도 일단 깨닫고 나면 상상보다 더 이른 시간에 이루게 된다.

내가 그랬듯이 손편지를 한 번 써보는 성취감. 그것을 실제로 전하는 성취감, 그리고 기대하지 않았는데 상대방을 기쁘게 했다는 성취감, 기쁨 등이 모이면 자신도 모르는 사이에, 노력했는지조차 느끼지 못한 사이에 자신에 대한 믿음과 확신까지 생긴 것을 발견하게 될 것이다.

그런 확신이 생기고 나면, 인생이 더욱 즐거워진다. 진심으로 인생을 즐기게 된다. 당장 나쁜 일이 생겨도, 내가 원하는 상황을 상상하면서 금방 극복하게 된다. 그러니 지금 당장 고마움을 느끼는 사람들의 이름을 휴대폰에 기록해보는 것부터 시작해보면 어떨까? 휴대폰이 없어서 못 적겠다는 변명은 못할 것이라 생각한다.

사물에도 진심으로
감사하다

책을 보면 사물에도 감사하라고 한다. 부자가 되고 싶다면 돈에도 진심으로 감사해야 한다고 한다. 돈도 사람을 선택할 수 있기에 돈을 귀하게 대접해야 한다고. 그렇다고 신주단지 모시듯이 하라는 것이 아니라 이왕이면 장지갑을 써서 돈이 접히지 않도록 하고 지갑 안에서 편하게 쉴 수 있게 해주고, 돈을 쓸 때는 "안녕, 잘 가. 네 덕분에 내가 이렇게 물건을 사서 고마워." 하는 식으로 인사를 하며 보내주라는 것이다.

자기계발서를 많이 읽은 독자들은 한 번쯤 접해본 이야기일 것이다. 나도 그런 식의 이야기를 자주 봐왔지만, 실제로 실천하지는 못했다. 그런데 감사편지를 쓰면서 신기하게도 사물에도 감사하게 되었다. 더 나아가 감사카드까지 쓴 적이 있다. 바로 우리 아이의 애착인형에게.

우리 아이가 6~7개월쯤 되었을 때 애착인형으로 유명한 인형을 하나 선물 받았다. 그 인형의 이름은 아이의 중간 이름을 따서 '예순이'라 지어주었다. 아이는 받은 순간부터 너무나 좋아했는데 정말 애착이 너무나 강하게 형성되어 세탁을 못할 정도였다. 겨우 세탁했다가도 말리려고 베란다에 널어놓은 것을 아이가 발견하고는 울고불고 달라고 해서 다 마르지도 않은 채로 주는 경우가 허다했다.

그 인형은 뜨개 인형이어서 아이가 물고 빨고 하는 것을 넘어 뜨개실 사이에 손가락을 넣어서 후벼 파다 보니 안에 솜이 다 튀어나오고 더는 꿰매 쓸 수도 없을 정도까지 되었다. 결국, 운명을 달리 했다. 인형이었지만 우리 아이 곁에서 그렇게 오랜 시간을 함께해주어서 나중에 새 인형으로 바꿔치기할 때 나도 모르게 그 인형을 쓰다듬으며 고맙다는 얘기가 절로 나왔다. 처참하게 몸의 여기저기 솜이 튀어나와 있고, 너덜너덜해진 모습을 보니 미안해서 눈물이 날 정도였다.

우리 아이가 어린이집에서 잘 지내는 것 같다가도 한 달가량을 아파트가 떠나가라 울어대며 힘들어했던 적이 있었다. 그때에도 예순이가 함께해주어 그나마 다행이었다. 어린이집을 갈 때도, 외출할 때에도 언제나 함께했던 예순이었다. 그 인형을 너무나 좋아하길래 그런 뜨개 인형을 좋아하는 줄 알고 똑같이 생긴 색깔만 다른 인형을 사서 '예자'라고 이름 붙여주었다. '예자'를 처음 봤을 때 아이가 좋아하길래, '그래, 잘됐다. 이제 번갈아 가며 세탁해서 쓰면 되겠다.' 했는데 바로 다음 날부터 예자한테는 눈길도 안 주고 다시 예순이에게만 무한사랑을 주었다. 하지만 정말 더는 손쓸 수 없는 처참한 상태가 되자 새 인형으로 바꿔치기해야겠다고 결단을 내리고 치밀한 계획을 세웠다.

어느 날 교회에 다녀온 사이, "하나님이 예순이 다 낫게 해주셨다!"며 예전 예순이가 있던 자리에 놔둔 새로 산 예순이를 보여주었다. 가기 전부터 계속 아이에게 하나님한테 '예순이 낫게 해주세요!'라고 기도하자고 하면서 교회에서도 같이 기도했다. 그런데 아이는 새 예순이를 보더니 예순이 아니라고, 예자라고 하면서 현실을 부정했다.

"예자는 여기 있잖아. 예순이 맞아! 예주가 열심히 기도해서 하나님이 낫게 해주신 거야!"라고 설득하니, 한참 후에야 예순이로 받아들이고 지금까지 잘 지내고 있다.

하지만 그 뒤로 이젠 내가 아프다고 하면 "하나님! 낫게 해주세요!"라고 말해서 아프더라도 "다 나았다!"라고 해야 하는 힘든 점이 생기기도 했다.

나는 진심으로 그런 예순이가 너무나 고마워 카드를 써서 상자에 같이 잘 넣어서 보관 중이다. 우리 아이가 나중에 커서 본다면 또 하나의 좋은 추억이 되지 않을까 생각한다. 처음에 내가 옛날 예순이한테 감사카드 썼다고 하니까, 남편이 "당신 병원 가봐야 되는 거 아니야? 무슨 인형한테 카드를 써. 말이 돼?" 하며 농담 반, 진담 반처럼 얘기해서 나를 울컥하게 만들기도 했다. 그런데 상자 안에 카드와 함께 넣어둔 걸 보고는, "우와! 우리 예주 나중에 커서 이거 보면 되게 좋아하겠다. 진짜 좋은 추억되겠다! 엄마가 자기 어렸을 때 이렇게까지 해준 걸 알면 정말 행복할 것 같아." 하고 기뻐했다. 그러면서 정말 좋은 아이디어라며 칭찬해주기도 했다.

다음은 내가 예순이에게 실제로 썼던 카드 내용이다.

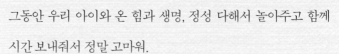

예순이에게!
그동안 우리 아이와 온 힘과 생명, 정성 다해서 놀아주고 함께 시간 보내줘서 정말 고마워.
네 덕분에 우리 아이가 편하게 자고 어린이집에서 힘들어했던 시간도 잘 이겨낼 수 있었어.
기쁠 때나 슬플 때뿐 아니라 화날 때에도 내팽개쳐지면서까지도 언제나 곁에 있어줘서 정말 고마워!
예주의 땀과 눈물, 침, 콧물 모든 것을 간직하고 있는 예순아!
이제 편하게 쉬렴.

그동안 예주 곁에서 함께 준 시간 진심으로 감사해!

언제나 예주 지켜줘!

예주가 너의 뒤를 이은 예순이 주니어와 함께 앞으로도 행복하

길 바라줄 거지?

정말 고생 많았다.

진심으로 고맙고 또 고맙다!

예순이에게 감사카드까지 쓰고 나니, 일상의 사물들이 더욱 소중하게 느껴지기 시작했다. 어떨 때는 매일같이 씻는 쌀에게 "쌀아, 고맙다. 오늘도 일용할 양식이 되어줘서. 우리 가족 뱃속으로 들어가 좋은 영양분이 되어주어 고맙다!"라고 말하기도 했다. 그리고 돈도 좀 더 소중히 다루게 되었다. 돈을 낼 때 "안녕, 잘 가. 고마워. 나중에 더 많은 친구들(돈들) 데리고 와." 하고 마음속으로 말했고, 돈이 생기면 "나한테 와줘서 고맙다"고 인사하기도 했다.

그런 식으로 일상의 사물들까지 달라 보이게 되었다. 굳이 매순간 모든 물건에 그럴 필요는 없다. 일부러 의식해서 그러려고 하면 오히려 스트레스 쌓일 것이다. 우리가 얼마나 많은 물건에 둘러싸여 사는데 일일이 고맙다고 생각하면서 사는 것 자체가 불가능할 것이다. 하지만 가끔 이렇게 해보는 것만으로도 기분이 좋아지곤 했다.

그리고 내가 가진 물건들이 확실히 소중하게 느껴진다. 그것만으로도 충분하다고 생각한다.

그리고 그런 식으로 돈을 소중하게 대하고 인사를 하다 보니 진짜로 생각지 못한 돈이 들어오기 시작했다. 책을 보는 순간에는 '그래, 돈에게 인사해야지' 하면서도 책을 덮고 나면 아무렇게나 구겨 넣곤 했던 돈이었다. 그런데 예순이한테 진심으로 감사한 마음으로 카드를 한번 썼을 뿐인데, 그렇게 돈을 대하는 마음마저 달라질 줄은 몰랐다. 이렇게 감사편지는 나도 모르는 사이에 자꾸만 나의 습관들을, 나의 행동을 변화시키고 있음을 알게 되었다.

상대비교와 쿨하게
이별하다

　우리나라는 과거보다 많이 부유해지고, 사람들의 생활수준 또한 높아졌다. 해외여행 한 번 못 가본 사람을 찾는 게 더 힘들다. 그리고 SNS 덕분에 사람들의 높아진 생활 수준들을 보고 싶지 않아도 쉽게 보게 된다. 나는 기계치에 귀차니즘이 심해서 예전에 싸이월드가 유행했을 때에도 하지 않았다. 간간이 동생을 통해서 몇 번 보았던 게다. 그래서 나도 모르는 내 사진이 돌아다니며 친구들이 나를 놀려먹은 적도 있지만, 그래도 굳이 하고 싶지 않았다.

　무엇보다 사람들이 싸이월드에 올린 사진들을 보면 더더욱 하기 싫어졌다. 그 안에서는 웬만한 연예인의 외모가 아니면 사진도 올릴 수 없을 것만 같이 느껴졌다. 그러다 보니 자신의 모습이 아닌 포토 샵을 해서 마치 다른 사람처럼 꾸며진 사진을 보면 왠지 진짜 나를 부정하고, 사이버 세상에서 사람들에게 그저 소위 뭔가 있는 것처럼 보이고 싶어 처절하게 노력하는 듯한 느낌이 들어 거부감이 들었다. 솔직히 고백하면 내가 사진발이 정말 안 받아서 내세울 만한 사진이 없었다는 것도 하나의 이유이긴 했다. 또 나는 그런 것에 댓글을 일 일이 달 수 있을 만큼 부지런하지 못하기도 했다.

어쨌든 그 덕분에 우리는 모르는 사람들의 일상까지 쉽게 보게 되었다. 그러면서 경쟁하듯이 내가 더 좋은 것을 먹었고, 내가 더 분위기 있는 곳을 갔고, 내가 더 좋은 곳에 여행 갔으며, 내가 더 좋은 선물을 받았다는 것을 경쟁적으로 올리는 듯한 느낌에 마음이 더욱 불편해서 시간이 갈수록 더욱 할 수가 없었다.

내 현실은 그런 사진들과 동떨어져 있었기 때문이다. 신기하게도 왜 그런 세상에는 다 예쁘고 잘생긴 사람만 있는 것일까? 그리고 왜 다 하나같이 능력 있는 것일까? 정작 사회생활을 할 때는 그런 사람들은 보기 드문데 말이다.

아이를 낳고 육아어플에 가입해보니 더했다. 남편에게 무엇을 받았다는 자랑글이 올라오면 다들 질세라, 나는 차를 받았다, 나는 벤츠를 받았다, 나는 돈을 얼마 받았다는 식으로 연달아 올렸다. 물론 자랑하고 싶은 마음은 너무나 잘 알고 있다. 나도 그런 선물을 받았다면 동네방네 자랑하고 싶을 것이다.

그런데 그걸 보는 사람 중 당장 형편이 안 좋거나, 우울한 상태에 있는 사람들은 '나만 못사나?'라는 생각이 든다. 그리고 잘 사는 사람이라도 '뭐야? 나는 그냥 국산차 선물 받았는데, 쟤는 벤츠야?' 하며 비교하게 되는 것이다. 누구네 남편은, 누구네 시댁은 이런데 난 이게 뭔가라는 모르면 하지 않았을 그런 상대비교를 자꾸만 하게 되는 것이다. 거기서 끝나는 것이 아니라 점점 자신의 처지를 한탄하게 되고 그러다 보면 자연스레 자존감도 잃고 자신감도 잃게 된다.

자신도 모르게 자꾸만 남과 비교를 하게 된다. 가끔 육아어플에 그런 글이 올라온다. 온라인에서 만난 친한 엄마들이 있는데 나중에 서로 집에 놀러 가면서 자연스럽게 큰 평수에 사는 사람들과 작은 평수에 사는 사람들로 갈리더라고. 어느새 자신은 빼놓고 잘사는 사람들끼리 어울리고 있더라고. 상처받아서 다시는 온라인에서 사람을 사귀지 않겠다는 글이 심심치 않게 올라온다. 다들 입장이 다르니 작은 평수에 사는 사람을 일부러 따돌렸는지는 모르겠다.

하지만 한편으론 그런 생각도 해본다. 오히려 큰 평수에 사는 사람들은 아무렇지도 않게 대하는데 자기 스스로 먼저 주눅이 들고, 자신도 모르게 자꾸 그런 부분을 드러내지는 않았을까 하고. 그 사람이 잘못했다는 말을 하는 것이 아니라, 실제로 주변을 보면 그다지 못사는 것 같지도 않는데 자신이 먼저 자꾸 그런 이야기를 꺼내는 사람들이 있다.

부끄럽지만 내가 그랬었다. 괜히 돈 많은 사람을 만나면 나를 무시하지 않을까 오히려 내가 먼저 그런 이야기들을 막 꺼내는 것이다. 예전엔 아무렇지도 않게 연락하며 잘 지냈던 사이인데 그 친구는 부자 시댁을 만나서 여유롭게 사는 것을 알게 되면 나도 모르게 위축되어 차라리 이럴 바엔 연락을 안 하는 게 낫겠다 싶어 한동안 연락을 끊은 적도 있었다. 나에 대한 자신이 없어서, 자존감이 떨어져서 그런 것이었다.

자신을 믿는 사람들은 현재 상황에 크게 개의치 않는다. 자신이 분명 잘 될 것이라고 믿기 때문이다. 그리고 정말로 당당하다. 그런 사람들과 같이 있으면 그 사람이 꼭 뭔가를 해낼 것이라는 느낌을 받는다.

감사편지를 쓰기 시작하면서 감사할 대상을 생각하고 손글씨로 적는 시간이 늘어나니 당연히 쓸데없이 남과 비교하는 것에 쓸 시간이 줄어들 수밖에 없었다. 부정적인 것에 에너지를 뺏길 기회가 줄어든 것이다. 편지 한 통을 다 쓰고 나면 정말 뿌듯했고, 그런 뿌듯한 기분이 지속되었다. 실제로 만나서 전하고 나면 또 한 통 전했다는 성취감에 기분이 더 좋아졌다. 그리고 빨리 다음 대상에게도 써야겠다라는 식으로 선순환이 생겼다. 그러니 나를 우울하게 만드는 대상에 신경을 쓰는 시간이 줄어들게 된 것이다.

전에는 '그래, 이 정도면 괜찮아. 그래 건강한 게 어디야. 그래, 남편이 자상하니까 됐어. 내가 곧 벌면 되지.' 하는 식으로 생각하며 나 자신을 위로하기 바빴다. 물론 그때는 그것이 위로라는 생각보다 그렇게 긍정적인 생각을 해야겠다고 했던 것이다. '긍정적인 생각을 해야지 당연히 좋은 일이 생길 테니, 긍정적으로 생각하자.' 하며 버텼던 것이다. 하지만 그런 생각만으로는 현실은 바뀌지 않았다. 무엇보다 내 자존감이 높아지지 않았다. 잠시 높아졌다가도 또 내 곁의 다른 사람이 잘되거나, 나와 비교되게 좋은 것을 사거나 하면 금방 우울해지곤 했다.

그런데 감사편지를 쓰면서 상상 이상의 기쁨과 성취감을 느끼다 보니, 더 열심히, 더 많이 써야겠다라는 생각을 하게 되었고, 어떻게 하면 더 빨리 쓸까 이런 것들을 연구하면서 오롯이 나와 감사편지를 쓸 대상에게만 집중하게 되었다.

그리고 어느 날 문득 깨달았다. 물질적인 집착이 많이 줄어들었다는 것을.

나는 대상을 바꿔가며 자잘한 물건들을 사들이곤 했다. 예쁜 노트, 핸드폰 케이스, 홈쇼핑 화장품…. 이런 식으로 당장 내게 큰돈은 못 들이지만, 이런 것들을 사들이면서 나도 나를 위해 뭔가 샀다는 느낌을 받고 싶어했던 것 같다. 하지만 그것은 마음이 허해서 어떤 걸로 자꾸만 채우려고 했던 행동에 지나지 않았다. 어떤 때는 몇 시간을 투자해서 겨우 몇천 원 싸게 샀다고 좋아서 주변에 자랑하기도 했다. 그렇게 나는 자꾸 있어도 그만, 없어도 그만인 물건에 집착했던 것이다.

그런데 어느 날 문득 알았다. 더는 그런 물건들을 보고 설레어 하거나 집착하지 않는다는 것을! 홈쇼핑을 보면서도 가슴이 쿵쾅되기보다는 너무 사고 싶은 물건이라면 일단 현금입금으로 주문한 다음에 다음 날이나 며칠이 지나도 갖고 싶으면 그때 가서 사는 그런 여유로움과 지혜도 갖추게 되었다.

그걸 깨닫고 너무나 신기했다.

그리고 또 하나, 앞서 말했듯 나는 감사편지를 전하면서 크든 작든 선물을 꼭 같이 하곤 했다. 그러다 보니 소소하게 돈이 들었고, 용돈을 쪼개서 쓸 수밖에 없었다. 결국, 내가 쓸데없는 데 소비하는 돈을 줄일 수밖에 없었다. 그리고 그렇게 다른 사람을 생각하며 작은 것을 사고 선물하는 것이 상상 이상으로 더 큰 기쁨으로 돌아온다는 것도 깨닫게 되었다. 그러다 보니 자연스럽게 쓸데없는 물건에 집착하는 것이 줄었고, 그러면서 다른 사람들이 가지고 있는 물건이나 생활 수준에 대한 관심과 나와 비교하는 것도 줄어들게 되었다.

역시나 생각지 못한 효과였다. 지금도 나는 SNS와 여전히 친하지 않다. 그나마 감사편지를 사람들에게 알리고 싶어 블로그를 시작해서 하루 한 개의 글을 올리는 정도이다. 그리고 얼마 전 냅킨노트라는 책을 보고 감명받아서 실제로 그 냅킨노트의 사진을 보고 싶어서 책에 안내된 웹사이트에 들어갔다가 나도 모르게 페이스북에 가입하게 된 정도다. 내게 SNS는 너무나 복잡하다. 이 책이 나올 때쯤이면 조금은 친해져서 독자 여러분과 직접 더 많이 소통할 수 있게 되길 바란다.

명절과 경조사가
반가워지다

결혼하고 나니 경조사 비용이 2배가 되는 것이 아니라 4배, 8배로 느껴졌다. 기본적으로 챙겨야 하는 명절과 5월 행사 등을 제하고도 결혼식, 돌잔치 등의 경조사들이 끊임없이 이어졌다. 심지어 결혼 직후 5월에만 경조사비로 150만원이 나가기도 했다.

그때 나는 너무나 우울하고 절망스러웠다. 얼굴도 한 번 못 본 사람들을 위해 이렇게까지 해야 하나 싶은 생각이 밀려왔다.

"내가 열심히 번 돈인데 왜 나는 하나도 못 쓰지? 내가 남들 경조사비 대려고 일하는 건가? 대체 누가 5월을 가정의 달이라고 했어! 가정 경제 파탄의 달이지!" 하고 울부짖었다. 너무 우울해서 5월 가정의 달이나 명절 관련 기사들을 찾아봤더니 여기저기서 힘들다는 댓글이 수두룩했다. 다들 느끼는 건 비슷한가 보다.

그런데 감사편지를 쓰기 시작한 후로는 오히려 이렇게 경조사 때면 감사편지를 쉽게, 더 많이 전할 수 있어 좋다는 생각이 들었다. 심지어 명절은 감사편지의 특수시즌이자 노다지시즌이라고 느끼게 되었다. 경조사가 많다 보니 그것을 챙겨야 하는 사람들에게만 감사편지를 써도 수십 통은 금방 채워졌다. 육아어플에도 그런 글들이 많이 올라온다.

"어차피 챙겨야 하는 건데, 왜 이렇게 챙기기가 싫을까요? 왜 이렇게 돈이 아까울까요? 우리나라는 왜 이렇게 챙겨야 하는 게 많을까요?" 하고.

어쩔 수 없다. 알다시피 어차피 챙겨야 할 일이다. 물론 챙겨도 되고 안 챙겨도 되는 경우는 예외다. 꼭 챙겨야 하는 경우를 말하는 것이다. 그런 경우만 챙겨도 일 년에 매달 한두 번은 생긴다. 그러니 차라리 반가워하는 게 낫다.

"피할 수 없다면 즐겨라!"라는 말도 있지 않은가. 명절과 경조사 때 감사편지를 쓰는 것이야말로 그 말을 완벽하게 실천하는 방법이다. "진심인 척했더니 정말로 진심이 되었노라."는 영화대사도 있지 않은가. 쓰다 보면 정말로 반가워진다. 그리고 그 사람들에게 들이는 돈이 아깝지 않게 느껴진다. 처음에는 솔직히 통수를 채우기 위해 쓰기도 했다. 하지만 쓰다 보니 나중에는 이렇게 챙길 사람이 많다는 것이 그만큼 내가 인복이 많다는 뜻으로 느껴졌다. 우리나라 사람들에게, 특히 기혼자들, 그중에서도 육아맘들에게 이것만큼 엄청난 기적이 있을까 싶다.

내가 썼던 방법을 공유해보고자 한다.

❖ 결혼, 돌잔치 등에 감사카드 쓰는 법

먼저 나를 초대할 만한 사람으로 생각해줬다는 것에 감사했다. 만약 알고 지낸 지 오래된 사람이라면 이렇게 인연을 오래도록 이어와서 감사하다고, 그래서 오늘 기쁜 시간을 함께하게 돼서 감사하다고 밝혔다.

특히 돌잔치에는 카드를 꼭 아이에게 쓴다. 아이를 낳고 보니, 건강하게 낳고 키운다는 것이 절대 당연한 일이 아님을 절실하게 깨달았다. 그래서 돌까지 그렇게 건강하게 자라준 아이들이 나는 진심으로 고맙다. 그 아이로 인해 행복해하는 사람이 얼마나 많은가. 그러니 당연히 감사카드를 써야 한다고 생각한다.

❖ 명절에 감사카드 쓰는 법

명절 때는 대부분 돈봉투만 드리거나 선물세트 정도를 드리게 된다. 식구들이 많으면 챙겨야 할 사람이 엄청나다. 어른들뿐 아니라 아이들 세뱃돈이나 용돈까지 챙겨야 한다.

아이들에게 세뱃돈을 줄 때에도 봉투에 이름만 써서 주기보다는

"우리 아이랑 잘 놀아줘서 정말 고마워! 큰 형님답게 항상 의젓하게 동생들을 이끌어줘서 고마워."라는 식으로 감사메시지를 함께 적어 주었다. 얼마나 좋은가. 돈도 주면서 감사편지도 한 통 추가하는 것이다.

시누이뿐 아니라 아주버님께도 감사편지를 쓰고, 동생의 남동생뿐 아니라 동서에게도, 그리고 예전에 여행을 다녀오시면서 우리 선물까지 챙겨주셨던 동서의 부모님께도 감사편지를 썼다. 또 사돈어른께서 새해라고 달력을 우리 것까지 챙겨주셔서 감사카드를 써서 작은 선물과 함께 드리기도 했다.

어떻게 보면 감사편지를 너무 남발하는 것 아닌가 싶은 느낌이 들기도 할 것이다. 그러나 한 사람에게 같은 내용으로 주야장천 쓰는 것이 아니고 다양한 사람들에게 다양한 이유로 쓰는 것이라면 전혀 상관없다. 무엇이든 지나치면 부족한 것보다 못하다고 하지만, 내가 깨달은 것은 감사에는 지나침이 없다는 것이다. 그리고 쓸까 말까 할 때에는 쓰는 것이 좋다는 것도. 명절 때에 온 친지가 다 모일 때는 모두에게 감사편지를 쓰기엔 부담스러우니, 감사카드와 쪽지, 또는 봉투에 메모해서 주면 뜻밖에 생각보다 그렇게 힘들지 않다.

이웃과 기쁨을
나누게 되다

우리 동네에 자주 애용하는 세탁소 체인점이 있다. 어느 날 평소와 다름없이 세탁물을 들고 방문했다. 인사를 하며 들어서는데 사장님이 너무나 환한 웃음을 지으시며 "아이고, 이렇게 선물을 갖다 주셔서 정말 감사합니다!" 하며 정말 선물을 받는 것처럼 받으셨다. 나는 '돈도 얼마 안 되는 세탁물인데 선물? 어떻게 그런 생각을 하시지?'라는 생각이 들었다.

항상 환한 웃음으로 손님들을 반겨주는 분인 것은 알았지만, 그런 말씀까지 하실 줄은 상상조차 못했다. 그때까지 실제로 그런 사람을 본 적이 없기 때문이었다! 우화 형식의 자기계발서에서나 볼 수 있는 그런 사람이 아닌가! 나는 그때의 신선한 충격을 세탁물을 드리러 방문할 때마다, 또는 그곳을 지나칠 때마다 떠올리곤 한다.

감사편지를 쓰기로 했을 때가 12월이어서 곧 크리스마스가 다가오고 있었다. 나는 내게 그런 신선한 충격과 아무것도 아닌 세탁물을 선물이라고 표현하는 교훈을 주신 것이 감사하다는 생각이 들었다. 그래서 그분께 쪽지를 썼다. 그런 표현을 하셔서 너무나 놀랐다고. 그렇게 나를 정말로 대단한 선물을 가지고 온 사람처럼 대접해주셔서 너무나 감사하다고. 덕분에 세탁물을 맡기러 갈 때마다 내가더 선물을 받는 것 같고, 기분이 좋아진다고. 그런 내용이었다. 그리고 커피와 함께 전달했다.

그걸 드리기 전까지 얼마나 떨렸는지 모른다. 솔직히 진짜 민망했다. 대체 어떤 타이밍에 어떻게 전달해야 할지 머릿속으로 고민했다. 솔직히 뭐라고 하면서 드렸는지 생각이 안 난다. 어쨌든 사장님께서 굉장히 기뻐하시며 받았던 기억이 난다.

그리고 그다음에 세탁물을 찾으러 갔을 때 사장님은 나를 더욱 반겨주셨다. 그러면서 말씀하셨다.

"저희 와이프랑 커피 너무 잘 마셨어요! 와이프가 더 좋아하더라고요. 사실 제가 군대에서 높은 직위에 있다가 퇴직하고 이 일을하는 거라 와이프가 걱정을 많이 했어요. 항상 명령 내리고 딱딱하게 살던 사람이 과연 이 일을 잘할 수 있겠냐고. 그런데 손님들한테좋은 이야기 들으며 일한다는 걸 알게 돼서 얼마나 기뻤는지 몰라요!"

덕분에 나는 그분의 전직도 알게 되었고, 그것보다 더 큰 것을 알게 되었다. 바로 나를 위해 이기적인 이유로 쓴 감사편지 하나가 그 당사자뿐 아니라 그분의 가족까지도 기쁘게 했다는 사실을. 그리고 그분이 하시는 일을 자랑스럽게 생각한다는 것도. 사장님은 다음에 내가 세탁물을 맡기러 갔을 때 사람이 받은 게 있으면 꼭 갚아야 한다면서 이런 게 사람 사는 정이라며 한사코 돈을 받지 않으셨다. 내가 아무리 우겨도 막무가내였다. 자신이 더 큰 선물을 받았으니 이거라도 해야 한다는 것이 이유였다.

나는 그날도 내가 더 큰 선물을 받고 기분 좋게 세탁소를 나왔다. 기분 좋았다는 말로도 부족했다. 벅찼다. 내 몸 하나 건사하기 힘들어서 무기력하고 우울해했던 나란 사람이 감사편지 하나로 상대를, 그리고 그 가족까지 기쁘게 할 수 있다는 것을 알게 되었을 때는 정말 내가 특별한 사람이 된 것 마냥 기뻤다. 그리고 감사편지를 전하면서 나는 그런 경험을 종종 하게 되었다. 그럴수록 나의 자존감도 더욱 높아졌다.

나중에 우리 아이가 두 돌이 되었을 때 시어머님이 그냥 지나가기 그렇다면서 돌떡을 해오셨다. 솔직히 돌도 아니고 두 돌인데 주변에 나누어 줄 때도 마땅치 않은데 굳이 하셔야 했냐는 생각을 하기도 했다. 하지만 손주를 위한 마음인데 말릴 수는 없었다. 막상 떡을 받고 보니 생각보다 더 많았다.

나는 그 떡들을 보며 궁리했다. 그리고 금방 좋은 아이디어가 생각났다. 이웃에 감사쪽지와 함께 돌리는 것이었다. 한참 감사편지를 쓰던 무렵이어서 그런 좋은 방법이 이제야 생각났다니 싶어 바로 쪽지를 쓰기 시작했다. 경비실, 단골 커피숍, 그리고 그 세탁소 등. 떡만 드리기 그래서 작은 음료와 함께 돌렸다.

나는 무척 기뻤다. 떡도 처리하고 감사쪽지도 덕분에 더 많이 쓰게 되니 일석이조였다. 이렇게 떡을 해주신 시어머님이 너무나 감사했다. 그래서 시어머님께도 감사카드를 썼다.

단골 커피숍에 떡을 전하고 그 커피숍에 앉아서 그날 해야 할 공부를 하고 있는데, 갑자기 직원분이 맛있는 와플을 갖다 주시면서 "떡 정말 감사해요. 잘 먹을게요. 아이 두 돌도 정말 축하해요!"라고 말씀하셨다. 나는 뜻밖의 선물에 "아니 그냥 떡 한덩이 드리고 이게 뭐라고. 너무 감사해요."라고 말할 수밖에 없었다.

거기서 끝이 아니었다. 그렇게 떡을 돌린 다음 날 세탁소에서 문자가 왔다.

"어제 생일 떡 기쁘게 먹었어요. 작은 선물 준비했으니 한 번 들려주세요."라고. 그날 마침 찾을 세탁물이 있어서 나는 들릴 수밖에 없었다.

그런데 예쁘게 포장된 선물을 주시는 게 아닌가.

"우리 와이프가 너무 고맙다고 작은 거지만 선물 준비했어요. 잘 써주시면 좋겠어요." 하면서 내게 주셨다. 나는 겨우 두 돌 떡 드리고 이게 무슨 과한 선물인가 싶어 죄송했다. 하지만 그분은 연신 내게 더 고맙다고 하셨다. 이번엔 따님도 내 쪽지를 보고 너무 좋아했다면서. 정말 내가 더 감사할 따름이었다.

그렇게 떡을 돌리면서 나와 우리 아이는 진심 어린 축하를 많이 받았다. 가족끼리 케이크에 초 하나 켜고 말았을 우리 아이의 두 번째 생일을 이웃들의 진심 어린 축하를 받으며 행복하게 보낼 수 있었다. 한편으로는 감사쪽지를 더 쓰려고, 그냥 떡을 처리하려고 이기적인 이유로 그랬던 것인데 이렇게 다들 너무나 많은 것을 주시니 죄송하기도 했고, 정말 생각지도 못했기에 엄청난 감동으로 다가오기도 했다.

최근에 세탁물을 맡기러 갔다가 세탁소 사장님의 사모님을 뵙게 되었다. 세탁소에 어떤 여자분이 있었는데 나는 실제로 뵌 적이 없어 얼굴을 모르기에 그냥 사장님께 인사를 했는데 사장님이 그 여자분께 "여기 그 커피랑 쪽지 주셨던 그분!"이라고 하셨다.

그제야 사모님인 걸 알았고, 우리는 반갑게 인사했다. 나도 전에 선물 주셔서 너무 감사했다고 인사했고, 사모님도 내게 연신 커피 잘 마셨다며 인사하셨다. 쑥스럽긴 했지만 정말 기분 좋았다.

아이를 낳기 전에 나는 새벽같이 나가서 밤늦게 집에 들어오는 생활을 오랫동안 했다. 원래 성격 자체가 나랑 상관이 없는 것에는 무관심한 탓도 있었고, 또 그런 생활을 하다 보니 옆집에 누가 사는지조차 전혀 모르고 살았다. 솔직히 누가 사는지 관심도 없었다.

그런데 감사편지를 쓰면서 주변 이웃에 관심을 두게 되었고, 실제로 그분들과 우리 아이의 생일에 기쁨도 함께 나누는 사이가 되었다. 정말 신기할 따름이다. 원래 알던 사이가 아니고서는 요즘 세상에 분명 흔한 일은 아니라고 생각한다. 특히 옆에 폭탄이 떨어져도 무심할 인간이라는 소리마저 듣던 내가 이렇게 이웃들과 교류하며 기쁨을 나누게 되다니!

한때 정말 심하게 부정적이었을 때는 '기쁨은 나누면 배가 되고, 슬픔은 반이 된다'는 말에 전혀 공감할 수 없었다. 기쁨은 나누면 질투와 시샘을 받아 반이 되고, 슬픔을 나누면 사람들이 내가 잘 안 되는 것을 기뻐해서 배가 된다고 생각한 적도 있을 정도였다. 그런데 그건 내가 우울하고 일이 잘 안 풀리면서 그런 마음을 가졌기에 다른 사람들도 그럴 거로 생각했던 것이다. 지금 내 주변엔 기쁨을 진심으로 함께 기뻐하고 나눌 수 있는 사람들이 정말 많아졌다.

이런 것이 감사편지의 기적이 아니고 무엇일까 싶다.

진짜로
원하는 것을 찾다

자기계발서를 읽거나 세미나에 참가하는 사람은 대부분 소원이
명확할 텐데, 그럼에도 소원을 이루지 못한 사람이 여전히 많다.
왜 그럴까? 천사는 이렇게 대답했다.

"나도 바빠서 작은 소원은 들어주기 어렵지요."

그 소원이 단순히 자기의 욕구를 만족시키는 정도라면 그것은 작
은 소원이다. 천사가 말하기를, 한 번에 가능한 한 많은 사람 행복
하게 해주는 것을 소원하라는 것이다. (중략)

많은 사람을 행복하게 하는 소원을 빌라는 것이 천사의 요구사항
이었다. 이것은 바로 자아를 뛰어넘어 누군가를 '위해서' 무언가

를 바라는 것을 말한다.

- 〈3개의 소원 100일의 기적〉 중에서

어느 날 버터플라이 인베스트먼트의 최규철 대표님과 이야기하다가 그분이 물으셨다.

"어렸을 때 꿈이 뭐였어요?"

나는 그 말에 아무 대답도 할 수 없었다. 그리고 너무 충격이었다. 꿈이 없었다는 걸 깨달았기 때문이다. 그동안 내가 진짜로 무엇을 원하는지도 모르고 살았다. 나는 틀에 갇혀 사는 걸 오히려 더 좋아했다. 안정적이고 안전하다고 느꼈기 때문이다. 어른들이 말씀하시는 대로 문제 일으키지 않고, 학교를 잘 다니면 어른이 된 어느 즈음에는 내가 하고 싶은 일을 하며 여유롭게 살고 있으리라는 막연한 환상이 있었다. 가장 중요한 건 내가 스스로 무엇을 원하는지를 몰랐다는 것이다. 누가 꿈이 뭐냐고 물어오면 막연하게 선생님, 간호사, 조금 더 나아가서는 변호사 정도를 말했던 것 같다. 하지만 그중 내가 진짜 원하는 것은 없었다.

그 질문을 30대 중후반이 되어서야 듣고 곰곰이 생각해보게 되었다. 최규철 대표님은 "내가 갖고 싶은 것이 다 있고, 이미 이루고 싶은 것을 다 이루었다고 생각하고, 그리고도 하고 싶은 것을 생각해보세요."라고 하셨다. 그것이 진정 내가 원하는 것이라고.

지금 내가 다 이루었는데도 여전히 이 일을 하고 싶은가에 답할 수 있으면 진정으로 원하는 것이라고. 그게 아니라면 진짜 원하는 것을 찾아봐야 한다고.

사람들은 흔히 '좋은 집에 사는 것, 좋은 차를 사는 것, 마음껏 해외여행을 하는 것'이 꿈이라고 착각한다. 나도 그것이 꿈인 줄 알고 살았던 시절이 있었다. 물론 그것도 좋은 동기부여가 되지만, 궁극적인 꿈은 될 수 없다. 항상 사람들은 현재 상황에 기반해서 자신의 미래를 생각한다. 그래서 현실을 생각하지 말고 '큰 꿈을 꾸어라, 상상하라'고 해도 여전히 사람들은 몇 평짜리 집, 또는 몇억을 버는 것 정도밖에 생각할 수 없다.

나는 감사편지를 쓰면서 내 소명을 찾게 되었다. 과거에는 좋은 집, 고소득, 해외여행 등 물질적인 것들을 이루는 것이 내 꿈이라고 생각하며 살았다면, 이제는 진실로 내 소명을 찾게 되었다. 바로 감사편지를 사람들에게 알리고 사람들이 실천할 수 있도록 돕는 일이다.

감사편지를 쓰면서 나 자신, 내 이득에만 감사하고 관심을 두던 내가 나도 모르게 이웃에 관심을 가지고 보이지 않는 곳에서 묵묵히 자기 일을 하는 분들께 진심으로 감사함을 느끼는 것을 깨달았다. 그리고 만약 다른 사람들도 나와 같은 변화를 느낀다면 조금은 더 살기 좋은 세상이 되지 않을까 하는 생각이 들기 시작한 것이다. 이렇게 좋은 것을 나만 알고 있기에는 너무나 아까웠다. 무엇보다 나와 같은 변화를 겪는 사람들이 많아질수록 그 사람뿐 아니라, 그 사람의 가정과 이웃 등 너무나 많은 사람이 함께 좋은 영향을 받을 것을 알기 때문이다.

가끔 난폭하거나 문제를 일으키는 아이들에 관한 기사를 보면 댓글에 저런 아이와 우리 아이가 나중에 사회에서 어울릴 생각을 하면 무섭다는 글들을 본다. 같은 현상을 보아도 자식을 둔 부모는 당연히 자녀의 미래까지 걱정할 수밖에 없다. 그런 댓글들을 보니 나도 그런 걱정이 들긴 마찬가지였다.

분명 그 아이들도 부모가 있을 텐데, 그 부모가 먼저 진심으로 감사함을 배우고 실천하는 모습을 아이들에게 보여준다면 아이가 저렇게까지 망가지진 않았을 텐데 싶은 생각에 안타까웠다. 그래서 나는 먼저 부모들에게 감사편지를 쓰도록 하고 싶다, 교육하고 싶다는 꿈이 생겼다.

우리 아이도 나쁜 언어습관을 가진 적이 있었다. 갓 20개월이 된 아이가 인상을 쓰며 "아이씨"라고 했을 때의 철렁함, 그 덕분에 나는 내가 더 좋은 사람이 되어야 한다는 것을 깨달았다. 내가 먼저 아이에게 솔선수범을 보여주어야 한다는 사실을 뼈저리게 느꼈다. 나는 우리 아이에게 밝은 미래를 보여주고 싶다. 언제 어디에나 나쁜 사람, 이상한 사람은 있기 마련이다. 하지만 나는 감사할 줄 아는 사람은 부정적인 사람보다 좋은 사람을 만날 확률이 높다는 것을 알기에, 우리 아이가 감사할 줄 아는 사람으로 자라고 좋은 세상에서 좋은 것들을 경험하길 바란다. 세상을 긍정과 감사의 눈으로 바라보는 시각을 가진 사람으로 자라길 진심으로 원한다.

나는 내가 '많은 사람에게 선한 영향력을 끼치고 싶다, 이롭게 하고 싶다'는 꿈을 꾸게 될지 몰랐다. 내가 맡은 학생들의 실력향상 정도만 생각했지 그 이상의 범위를 넘어 생각해본 적이 없었다. 내 코가 석 자인데 무슨 다른 이들까지 챙긴단 말인가. 하지만 그랬던 내가 더 큰 꿈을 꾸게 되었다.

이런 생각을 하기 시작하고 나는 현재 내가 할 수 있는 것부터 행동으로 옮기기 시작했다. 나는 컴맹, 기계치에 엄청난 귀차니스트다. SNS는 내게 먼 나라 이야기였다. 그랬던 내가 블로그 기능도 제대로 익히지도 않은 채로 (제대로 익히고 시작하려면 몇 년이 걸릴지 몰라서) 감사편지와 감사에 관한 이야기를 매일 하나씩 올리기 시작했다. 그리고 감사편지를 썼을 때의 변화를 직접 느끼기를 바라는 마음으로 다른 선물 대신 카드와 편지지세트를 선물하기 시작했다.

반응은 상상 이상으로 뜨거웠다. 감사편지를 써보면 정말 큰 변화가 생긴다고 말로 했을 때는 흘려들었던 사람들이 감사 편지지세트를 받고 나니 그날 바로 시작하기 시작했다. 내가 그랬던 것처럼 어떤 날은 이웃에게, 어떤 날은 자신이 다니는 병원 의사선생님께 썼다며 내게 연락해오는 사람들이 늘어났다.

나는 너무나 놀라고 기뻤다. 진작에 이렇게 적극적으로 행동으로 옮기지 않은 것이 안타까울 정도였다. 편지지를 선물하는 내 행동 하나에 사람들이 반응해주기 시작했고, 한두 번으로 끝나는 것이 아니라 계속해서 쓰는 사람들이 늘어났다. 내 주변엔 좋은 사람들이 정말 많다. 이미 충분히 좋은 사람들이고 감사할 줄 아는 사람들이기에 나보다 더 빨리 큰 기적을 이루어내리라 나는 확신한다. 그래서 그들의 더 좋은 미래를 상상하면 벌써 설레고 기대된다.

요즘은 거의 매일 주변 사람들에게서 감사편지를 썼다는 연락을 받는다. 아침에 일어나서 그런 내용의 메시지를 보면 얼마나 기분 좋은지 모른다. 따로 감사할 거리를 찾지 않아도 그 자체로 충분히 감사한 하루가 된다. 이렇게 나를 통해 감사편지를 안 사람들이 먼저 실천하고, 그 사람들이 주변에 알리고, 이 책의 독자 중 누군가도 당장에 시작해서 그 효과를 알리다 보면 나중엔 "감사편지? 그거 원래 당연히 써야 하는 거 아니야?"라는 반응이 나오는 날이 있지 않을까 상상해본다.

헬조선, N포세대⋯ 요즘 세상에 꿈과 희망, 소명을 논하는 것 자체가 기적같이 느껴질 때가 있다. 고등학생의 직업선호도 2위가 건물 임대업자라는 기사를 보고 암담했던 기억이 있다. 나조차도 어렸을 때 꿈이라는 게 무엇인지 생각하지 않고 자랐는데, 아이들에게 "진정 원하는 꿈을 찾아라."라고 말할 수 있을까? 그렇기에 30대 중반이 넘은 이 나이에 나의 꿈과 소명을 찾았다는 것 자체가 기적이 아닐까 싶다. 물론 그 기적은 감사편지들이 한 통 한 통 쌓여 일어난 것이다.

지금 당장 꿈이 무엇인지 몰라 방황하거나, 이런 세상에서 감히

꿈이라는 것을 꾸어도 되는가 절망하고 있는 사람들이라면, 정말 별
것 아닌 것 같아 보이는 감사편지를 바로 시작해보라고 강력하게 말
하고 싶다.

08

가족에게 '사랑해, 고마워'라고
표현하는 기적

사람들이 죽기 전에 가장 후회하는 것은 '가족에게 사랑한다고, 고맙다고 마음껏 말하지 못한 것'이라고 한다.

내가 감사편지를 쓰고 있다는 걸 아는 대학교 친구 모임을 가졌을 때 일이다.

한 친구가 묻는다.

"너 정말 대단하다! 아직도 감사편지 쓰고 있는 거야? 혹시 가족들한테도 썼어?"

"응! 당연하지!"

"사실 나도 한번 써볼까 했었어. 그래서 누구한테 쓸까 생각해보니까, 친구나 직장 동료한테는 써도 가족한테는 도저히 못 쓰겠는 거야. 너무 오글거려서. 그리고 그걸 어떻게 직접 주냐고. 주고 나서 그 민망함과 오글거림을 도대체 어떻게 감당하는 거야? 그리고 가족들이 읽고 나서 그다음에 얼굴 볼 때 너무 민망할 거 같아. 으으… 생각만 해도 너무 오글거려!"

나는 그 친구의 말에 무척 놀랐다. 그 친구는 정말 사랑과 감사가 넘치는 친구라고 항상 생각하고 있었다. 당연히 가족들에게 굳이 편지가 아니더라도 그런 표현을 자주 하고 있을 거로 생각했기 때문이다. 그런데 그 친구가 그렇게 말하니 나름 충격이었다.

한편으로는 너무나 공감되었다. 실제로 정말로 오글거리고 민망하기 때문이다. 솔직히 고백하면 수백 통의 편지를 전달한 지금도 여전히 오글거린다. 조금씩 나아지고는 있지만 아마 앞으로도 그럴 것 같다. 가족뿐 아니라 모든 사람에게 감사편지를 전하는 그 자체가 내겐 언제나, 여전히 도전이다. 타이밍을 잡는 것, 그리고 어떤 말을 하면서 줘야 하나, 그렇게 전달한 뒤에는 뭐라고 해야 하나, 그 자리에 있어야 하나 황급히 도망을 가야 하나…. 편지를 주기 전에 나는 언제나 떨린다. 그래서 더 이 과정에서 작은 성취감을 많이 느끼게 되었다. 그러면서 자연스럽게 '좀 더 큰 것에 도전해볼까? 일단 해보자!'고 생각하는 사람이 된 것이다.

나는 친구에게 솔직하게 고백했다.

"응! 엄청나게 민망하고 오글거려. 생각했던 것보다 더! 오히려 다른 사람들한테 쓰는 건 생각보다 쉬웠어. 가족한테 쓰는 게 제일 어렵더라고! 그런데 가장 감사한 존재들이니까, 당연히 써야 하니까, 오글오글 하는 거 꾹 참고 썼지. 대신에 아주 가벼운 것부터 썼어. 무슨 선물 받거나 도움받은 것에 대해서 감사하다고 일부러 더 짧게 썼어. 감사한 거 다 쓰다 보면 책 한 권 나올 것 같아서 일부러 더 간단하게. 대신 그런 식으로 자주 썼어. 솔직히 아직도 오글거려. 더 솔직히 말하면 다른 사람들한테도 직접 얼굴 보고 줄 때마다 항상 민망해. 꼭 사춘기 소녀가 좋아하는 오빠한테 고백하는 편지 주고 도망가는 거 같을 때도 있어. 정작 그런 고백편지는 써본 적도 없는데 말이야."

나는 가족들에게 '고맙다, 사랑한다'는 표현을 잘하는 사람이 절대 아니었다. 표현을 안 하는 정도가 아니라 무뚝뚝함의 대명사였다. 나는 딸 둘인 집안에 장녀이다. 동생은 애교가 정말 많아서 사랑을 듬뿍 받았다. 물론 나도 사랑을 많이 받았지만, 부모님에게 동생에 대한 사랑과 나에 대한 사랑은 조금 달랐던 것 같다. 사랑을 덜 받았다는 것이 아니라 내게는 사랑보다는 믿음을 많이 보여준 것 같다. 물론 믿음도 사랑이라고 생각하기에 나는 사랑을 많이 받고 살았다고 생각한다.

나는 이상하게도 사람들과 신체적인 접촉을 굉장히 싫어했다. 누가 내 몸에 닿는 것이 귀찮고 싫었다. 동생과 친구처럼 지내고, 정말 많은 시간을 함께했지만, 그럼에도 나는 동생이 나를 건드리는 것을 굉장히 싫어했다. 심지어 어렸을 때 엄마나 아빠가 안아주려고만 하면 싫다고 버둥거리기 일쑤였고, 커서는 점점 더 부모님이 날 안을 기회는 없어졌다. 그리고 내가 안길 기회도.

하지만 동생은 나와는 반대로 아빠가 들어오는 소리만 들려도 바로 뛰쳐나가 "아빠" 하며 고목에 매미처럼 찰싹 안기곤 했다. 아빠가 동생에게 나 몰래 준 용돈도 상당하다는 것을 알고 배신감을 느꼈던 적도 있다. 하지만 한편으로는 충분히 이해가 되었다. 애정표현을 그렇게 하는데 어느 부모가 안 넘어가겠냐 싶다.

대학교 때의 일이다. 무엇이 발단이 되었는지는 정확히 기억이 안 나지만, 그날 동생과 밤늦게까지 놀고 들어오다가 말다툼이 몸싸움으로까지 번졌다. 평소의 우리는 친구처럼 너무나 잘 지냈지만, 그날은 나를 함부로 대하는 것 같은 느낌에 기분이 나빠졌다. 당시 둘 다 격투기를 배우고 있던 시절이라 우리는 정말 남자처럼 싸웠다. 그리고 키나 힘 모든 면에서 밀렸던 나는 온몸이 만신창이가 되어 서러워서 울었다. 엄마는 그런 우리 둘의 모습을 보고는 너무나 슬퍼하셨다. 그리고 셋이 모여 앉아 대체 어쩌다 이 지경까지 싸우게 된 건지 대화를 했다.

나는 모든 게 다 버릇없고 이기적인 동생 때문이라고 생각하고 있었다. 그런데 그 와중에 동생이 예전부터 내게 하고 싶었던 말이라며 속에 있는 말을 했다.

"언니는 가족들한테 절대 고맙다, 미안하다는 말을 안 해! 가족들이 언니한테 잘해주는 걸 당연한 거로 생각하고. 절대 고맙다고 말 안 해! 아무리 가족이라도 고맙다는 말은 해야지. 그리고 언니가 잘못한 게 있으면 가족이라고 당연히 이해해줄 거라 생각하지 말고 미안하다고 말해야 하는 거 아니야?"

나는 동생한테 맞은 게 억울해서 훌쩍거리고 울다가 순간 머리를 망치로 맞은 듯 멍했다.

'뭐지?'

그리고 가슴이 '쿵' 내려앉았다. 그 짧은 순간에 깨달았다. 동생은 고마운 일에는 항상 고맙다고, 잘못한 일에는 미안하다고 그렇게 말해왔다는 것을.

나는 세상에서 동생이 가장 이기적인 인간이라고 생각한 적도 있었다. 동생은 자신이 원하는 게 있으면 기어이 얻어내고 마는 스타일이었다. 부모님께서 뭐라 하든 말든, 내가 뭐라 하든 말든 자신이 원하는 게 있으면 어떻게든 얻어내었다. 그러다 보니 자연스럽게 내 동생은 정말 이기적이라는 생각이 자연스럽게 박혀버렸다. 그런데 그런 동생한테 "언니는 고맙다는 말, 미안하다는 말을 절대 안 해!" 라는 말을 들으니 얼마나 충격이었겠는가.

더 충격적인 것은 그 말이 사실이었단 것이다. 그 짧은 순간 나는 정말로 많은 생각을 했고, 그 말이 맞는다는 사실에 더 절망했다. 그날 동생의 말 한마디는 내게 많은 영향을 주었고, 앞으로는 가족에게 고맙다는 말, 미안하다는 말을 최대한 잘 해보자고 생각했었다.

하지만 알 것이다. 그것이 얼마나 어려운 일인지. 가족은 가족이라는 이유로 조건 없이 사랑을 베풀고, 또 나의 잘못을 용서하고 받아준다. 그것만큼 세상에 감사한 일이 또 있을까? 그런데 우리 대부분은 가족에게 고맙다는 말을 잘 하지 않는다. 사랑한다는 말은 더더욱.

감사편지를 쓰고자 했을 때 당연히 제일 먼저 가족의 얼굴이 떠올랐다. 그때 동생과 싸웠을 때의 일도 떠올랐다. 그 뒤로 조금 더 신경 써서 고맙다는 말을 해보려고 노력은 했으나, 과연 많이 했는지 물으면 그 사건 이후로 아주 조금 나아지긴 했지만 여전히 대답은 '노!'였다.

감사편지를 쓰기로 마음먹었을 때 이번이 정말 좋은 기회라고 생각했다. 그런데 막상 가족들에게 쓰는 것은 자꾸만 미루게 되었다. 감사하지 않아서가 아니라, 다른 사람들한테도 이렇게 길게 쓰는데 가족들에게 쓰면 책 한 권은 나오지 않을까 하는 생각이 들어서 엄두가 안 났다. 고마웠던 일들을 편하게 노트에 끄적끄적 쓰다 보면 어느새 5페이지가 넘어가는 걸 보고, 이걸 다시 편지지에 어떻게 정리해서 옮기나 싶어 포기하기도 했다.

그렇게 마음속으로 뭔가 빚진 느낌으로 지내다가 어느 날 가장 간단하게 쓰기부터 시작했다. 더는 미루면 안 되겠다 싶었다. 동생은 우리 아이가 태어나고 정말 많은 선물을 해주었다. 예쁜 옷을 발견하거나, 예쁜 머리핀을 발견하면 소소한 것부터 큰 것들까지 엄청나게 자주 선물했다. 항상 고맙다고 말하긴 했지만, 그런 것들을 한 번에 몰아서 감사편지를 써야겠다고 했다가 마음을 바꾸었다. 당장 선물을 받았을 때 가볍게 감사쪽지부터 써보자고.

그렇게 나는 동생에게 자주 감사쪽지를 썼다. 시중에 도일리 페이퍼라고 해서 포장할 때 쓰는 종이가 있다. 사람들에게 가볍게 전달하면서도 최대한 많이 쓸 수 있는 종이를 찾다가 발견한 것인데 뜻밖에 정말 괜찮았다. 3등분 정도로 접어서 음료수병에 붙여 주기에도 안성맞춤이어서 자주 쓰게 되었다.

어느 날 나는 동생에게 뭔가 전해줄 일이 있었는데 도일리 페이퍼에 '항상 이렇게 많은 선물 해줘서 고마워. 그동안 너무 받기만 해서 미안해서 나도 작은 선물 준비했어. 어릴 땐 언제나 이기적인 줄만 알았는데 어느새 나보다 더 의젓하고, 가족을 챙기는 그런 사람이 되어 정말 고맙다.'라는 내용으로 쪽지를 적었다.

이런 식으로 감사쪽지를 받던 동생이 어느날 한마디 했다.

"언니, 이거 어디서 산 거야? 이거 아이디어 진짜 좋은 것 같아. 나도 한번 해보려고."

나는 정말 기분이 좋았다. 받을 때마다 별 반응이 없어 보였는데, 동생이 그런 생각을 하고 있었다는 게 정말 감사했다.

"진짜 좋지? 이거 싸. 천원에 50매짜리도 있고, 100매짜리도 있어. 부담 없이 적어서 전하기에 되게 좋아. 선물에 껴서 주기도 좋고!"

동생은 바로 그것을 사서 나나 가족에게 선물할 때 항상 쪽지도 같이 주기 시작했다. 처음엔 나한테만 쓰는 것 같더니 형부에게도 쓰고, 부모님께도 쓰고, 또 친구들한테도 쓰고 심지어 자신의 고객들한테도 쓰기 시작했다. 그렇게 간단하게라도 써서 전하니까 정말 좋은 것 같다면서 이젠 습관으로 굳어버린 듯했다. 얼마나 감사했는지 모른다.

어떤 상황에서도 나의 현실을 직시하게 하는 사람, 다른 누구도 아닌 내 동생이 나처럼 쪽지를 쓰는 것을 보았을 때 나는 놀라지 않을 수 없었다. 동생에게 내가 365통의 감사편지를 쓰기로 하고 실천 중이라는 이야기는 하지 않았었다. 일단 나 혼자 묵묵히 써보기로 했던 것이다. 그래서 동생은 오히려 감사할 때나 아닐 때나 안부인사를 할 때나 언제든지 편하게 사람들에게 쪽지를 보냈다. 하지만 그 내용을 읽어보면 자연스럽게 상대방에 대한 감사가 들어 있었다. 그래서 나는 더욱 기뻤다.

사람들에게 말로 떠벌리지 않아도 내가 좋아서 하고 있으니 주변 사람들이 그렇게 변하는 것이 정말 신기했다. 나로 인해 최소한 한 번 진짜 써볼까? 라는 생각을 했다는 그 자체가. 그리고 진짜로 썼다는 이야기를 들을 때면 너무나 감사하고 기쁜 마음이 들었다. 그래서 나는 편지지 세트나 감사카드를 주변 사람들에게 나눠주기에 이르렀다. 다들 감사편지를 쓰면서 변하는 나를 보며, 자세한 이야기를 들어보고 싶은데 아이를 돌보느라, 일하느라 어느새 잊고 마는 걸 보니 차라리 직접 편지지를 선물로 주면 어떨까라는 생각을 하기에 이른 것이다. 그렇게 편지지나 카드를 선물로 주면서 나도 감사 쪽지를 또 쓸 수 있으니 더욱 좋았다.

그렇게 직접 선물로 주니 나와 헤어지고 집으로 돌아가는 지하철 안에서 바로 편지를 쓰는 친구도 생겨났다. 나는 너무나 감사했다. 그렇게 편지를 한 통 쓰기 시작함으로써 그 친구의 가정에 좋은 기운이 생길 것을, 감사한 일들이 많이 생길 것을, 더욱 좋은 쪽으로 변화가 나타날 것을 알기에 너무나 감사했다. 그 친구 덕분에 주변 사람들이 한 명씩 더 쓰기 시작해서 그렇게 조금씩 늘어가는 상상을 해보면 흐뭇하기만 하다.

CHAPTER 5

감사편지로 선한 영향력을 끼치겠다고 결심하다

지금 내가 겪고 있는
모든 일

모든 일은 꼭 필요한 순간에 필요한 배움을 얻는다.

지금 경험하고 있는 모든 일은 일어나야만 할 일들이었고, 그 경

험 속에서 필요한 배움을 얻으면 된다.

- 〈뜨겁게 나를 응원한다〉 중에서

요즘 새삼 힘들게 보냈던 그 시간에 진심으로 감사하고 있다. 그
시간이 아니었다면 나는 가짜 감사에 빠져 여전히 내가 잘나서, 운
이 좋아서라며 열심히 살지 않는 듯한 사람을 은근히 무시하며 살았
을 것이다. 내가 정말로 남들이 인정할 만큼 뭔가를 이룬 것도 아니

고, 잘나가는 것도 아니었음에도 그렇게 자만했었다. 나는 감사할 줄 아는 사람이라며 부정적인 사람들을 무시했다.

친구 덕분에 기독교 신자도 아니면서 교회 프로그램을 수강하게 되었고, 그 친구를 통해서 새로운 사람들을 만났다. 그분들과 이야기하며 자칫 자만으로 빠질 뻔했던 내 마음을 되돌아보는 좋은 시간을 보낼 수 있었다.

나중에 친구와 커피숍에서 얘기하다가 말했다. 요즘 문득문득 나도 신기할 정도로 지금의 변화가 놀랍다고. 내게 그렇게 힘든 시간이 없었다면, 그 힘든 시간에 '무조건 감사하고 보라'는 목사님의 설교를 듣지 않았다면, 아니 감사하라는 말을 새겨듣지 않았다면, (왜 그때 그 말이 그렇게 내 머리에, 마음이 박혔는지 아직도 신기할 때가 있다.) 예전엔 읽고 별 감흥 없었던 〈365 Thank You〉라는 책을 다시 읽어보지 않았다면, 그 책을 읽고 바로 365통의 감사편지를 쓰기로 하고 실천에 옮기지 않았더라면 하고 그간의 과정을 떠올리면 정말 놀랍다.

원래 뭐든 시작하기 전엔 항상 '이게 될까?'라는 의문부터 품곤 했는데, 이번에는 왜 힘들어도 전혀 포기할 생각을 안 했는지, 아니 못 했는지, 왜 전혀 의심하지 않았는지 생각해보게 된다.

그만큼 절박했기 때문이었다. 솔직히 그것 말고는 내가 할 수 있는 것이 아무것도 없다고 느꼈다. 그 상황에서 내가 당장 시작할 수 있는 게 그것밖에 없었다.

원래 강의 들으러 다니는 걸 좋아하는 성격이었지만, 그런 곳에 쓸 시간도, 돈도 없었다. 책 한 권 사보는 것도 마음에 걸려서 한동안 책을 멀리하기도 했다. 예전에 시도했던 방식대로 해보았지만, 내가 너무 부정적으로 변해서 그 어떤 것도 제대로 하지 못했고, 그러니 효과도 없었다. 나는 원래 이것밖에 안 되는 사람이구나 하고 받아들이려 했다.

하지만 어느 순간 너무나 변하고 싶었다. 무기력하고 부정적인 상태로 일 년을 살다 보니 이렇게 살다가 죽느니 뭐라도 해보자는 생각이 들었다.

너무 억울했다. 그래도 지금까지 열심히 살았는데! 나름 인정받고 살았는데! 열정적이다, 긍정적이다, 이런 소리 들으며 살았는데! 남은 인생이 얼만데! 지금까지 잘살아보겠다고 아등바등했던 시간이 너무 아깝고 억울했다. 무엇보다 내 아이한테 그렇게 못난 엄마가 되는 것이 너무나 끔찍했다.

그런 시간이 내가 가짜 감사에서 벗어나, 진짜 감사로 가기 위해 꼭 필요한 시간이었음을 절실히 깨닫고 있다. 그래서 그 시간에서 진심으로 변하고자 결심하고 노력했던 나 자신이 너무나 대견하고 감사하다.

내가 누군가를 변화시킬 수 있다고 생각했던 자만과 오만에서 빠져나와서 감사하다. 내겐 누군가를 변화시킬 능력도 없고, 그것이 가능하다고 생각지도 않는다.

하지만 변하고자 하는, 성장하고자 하는 마음이 생기는 아주 작은 계기는 될 수 있다고 생각한다.

아주 작은 그 하나의 계기로 누군가가 변하고자, 성장하고자 하는 마음이 생긴다면, 그리고 그것을 실천한다면 그만큼 감사한 일이 있을까 싶다. 아인슈타인은 '무얼 받을 수 있나 보다 무얼 주는가에 한 사람의 가치가 있다.'고 했다. 내가 변하기로 했던 그때처럼, 누군가에게 성장하고자 하는 아주 작은 계기 하나라도 제공할 수 있는 사람이 되자는 새로운 결심을 하게 되었다.

오로지 나와 내 성공에만 관심 있던 나란 사람이, 심지어 소중한 아이와 남편마저도 내 성공에 걸림돌이 된다는 최악의 생각에 빠져 있던 사람이 조금이나마 더 많은 사람에게 선한 영향력을 끼치는 사람이 되고자 하는 결심이 섰다는 것이 너무나 놀랍다. 그 꿈을 위해 주변에 편지지와 카드를 선물하기도 하고, 블로그에 나의 경험을 공유하기도 하면서 내가 당장 할 수 있는 작은 것들부터 시작할 수 있어서 너무나 감사했다. 그 과정에서 이 책이 소중한 한 걸음이 되어 더더욱 감사하다.

감사편지의 씨앗이
감사꽃을 피우다!

친구를 통해 알게 된 모임의 사람들을 정말 오랜만에 만나게 되었다. 그들은 내가 우울증을 극복해보기 위해 나갔던 모임에서 알게 된 사람들이었고, 그래서 내가 감사편지를 쓰기로 한 것까지는 알고 있었지만 서로 바쁘다 보니 한동안 보지 못하다가 365통을 다 쓰고 나서야 만나게 되었다. 그래서 그들은 내가 진짜로 다 썼는지, 그리고 어떤 변화를 겪었는지 전혀 모르는 상태였다.

반갑게 모여 서로의 안부를 전하다가 내 감사편지 이야기를 하게 되었다. 그분들은 내가 진짜로 365통을 다 쓰고, 지금도 여전히 쓰고 있다는 사실에 놀라워했다. 그리고 우울해하던 모습에서 벗어나 크게 달라진 내 모습에 더욱 놀라워했다.

나의 감사편지 이야기를 너무나 집중해서 듣고는 한 편의 강의를 듣는 느낌이라며 크게 호응해주셨다. 그리고 내가 선물로 준 카드와 편지지들을 가지고 당장 자신들도 시작해보겠다며 열의를 불태웠다.

그중 한 분은 나와 헤어지고 바로 〈365 Thank You〉 책을 사러 서점에 갔다가 절판이 된 것을 알고는 중고로 사서 부부가 함께 읽고 감사편지를 쓰기로 했다며 단체 카톡방에 글을 남겨주었다. 그 글에 모두 감동했고, 응원을 보냈다.

그분은 층간 소음으로 고생할 아랫집에 케이크와 첫 감사편지를 전한 것을 시작으로 이후로도 단톡방에 소식을 남겨주기 시작했다. 어느 날은 아침에 일어나니 남편이 쪽지를 남기고 갔다며 사진과 함께 올려주셨다.

짧지만 진심으로 감사한 마음과 사랑이 담긴 쪽지였다. 오선지 위에 '감사편지'라는 제목까지 써 놓은 쪽지였는데 새벽에 아이를 봐준 덕분에 몇 시간 더 잘 수 있었다고, 고맙고 사랑한다는 내용이었다. 그 쪽지의 주인공은 자기가 조금 노력하니, 남편은 더 많이 노력한다면서 정말로 행복해하셨고, 이 일로 단톡방에 있는 사람들 모두 함께 감동하고 즐거워했다.

나와 만난 이후로 정말로 그 책까지 사서 읽고, 부부가 함께 실천하는 것을 보니 얼마나 기쁘고 감사했는지 모른다. 상상 이상으로 벅찬 감동이 몰려왔다.

그게 뭐가 대단하다며 넘어갈 수 있는 것을 진심으로 같이 축하하고 감동하는 사람들이 있다는 것이 너무 감사했다. 나는 내 감사편지 경험담을 나누고 있는 블로그에도 이 일을 알리고 싶었다. 그래서 그분께 남편의 감사편지를 공유해도 되겠느냐고 물어보니 흔쾌히 허락하시며 "민들레 꽃씨처럼 널리 퍼뜨리세요."라고 했다. 그 글을 본 내 친구는 "감사꽃이 활짝 피었네요!"라고 했다. 햇살 가득한 봄날 다들 시인이 된 듯했다.

그분이 함께 공유해주신 작은 감사쪽지 덕분에 모임방에 있는 사람들 모두 벅찬 감동을 느끼며 최고의 하루를 보낼 수 있었다.

또 한 분은 내게 "한 사람의 감사가 이리 감동적이고 전염성이 있다니."라고 말씀해주셔서 나도 크게 감동해서 울컥하기까지 했다.

한번은 이런 일도 있었다. 오래전에 육아어플에서 자신이 직접 만든 핀을 다른 것과 교환하고 싶다는 글을 발견했고, 내가 댓글을 달아 교환하면서 인연이 시작된 분이 있다. 처음 물건을 교환했을 때 그분은 보내기로 했던 핀보다 훨씬 더 많이 보내주셨다. 정말 한가득 선물을 받은 것 같았다. 카톡으로 연락할 때마다 너무나 마음이 좋은 사람임을, 진심으로 감사할 줄 아는 사람임을 한눈에 느낄 수 있었다. 나의 작은 선물에도 너무나 기뻐하는 모습에 내가 더 기분이 좋아지곤 했다.

주변에 편지지를 선물하면서 어느 날 그분이 생각나 주소 확인 차 연락을 했다. 그분도 잘 지냈느냐며 내가 육아어플에 감사편지 365 통을 썼다는 글을 올린 것을 보고 그날부터 바로 남편에게 감사편지 를 일기처럼 매일 쓰고 있다고 하셨다. 항상 감사하다고 생각하고 가끔 말로는 표현했지만, 그렇게 글로 전할 생각은 못해봤는데 덕분 에 바로 시작했다며 고맙다고 하셨다.

내가 올린 사소한 글에 바로 행동으로 옮기는 사람이 있다는 것을 알고 나니 나는 너무나 감사했다. 그리고 감사편지를 통해 성장하고 행복해질 것을 잘 알기에 조금이라도 더 많은 사람에게 더 빨리 알 리고 싶다는 욕심도 생겼다.

그렇게 우리는 한참을 감사편지에 관한 이야기를 나누었다. 그리 고 며칠 뒤 볼일을 보고 저녁 9시가 넘어서야 집에 돌아온 날이었다. 책상에 택배 상자가 놓여 있어서 보니, 그분의 이름이 쓰여 있었다. 열어 보니 우리 아이 핀이 한가득 들어 있었다. 마침 남편과 시어머 니도 계셔서 다 같이 뜯어 보며 탄성을 질렀다.

하나씩 정성스레 포장한 핀과 예쁜 손글씨로 쓴 편지까지 들어 있 었다. 온라인에서 아무런 대가 없이 그런 선물을 해주는 사람을 만 날 확률이 얼마나 될까 새삼 감사했다.

무엇보다 감동이었던 것은, 그분의 남편이 전날 선반을 만들어주 었는데 마침 내가 보낸 편지지 세트를 받으시고 선반 위에 편지지와 카드를 담는 바구니를 두고 그 선반을 '땡큐선반'이라고 부르기로 했다는 것이다.

그렇게 거실에 잘 보이는 데에 두니 감사함을 전할 일이 있을 때마다 쉽게 쓸 수 있을 것 같다며 좋아하셨다. 항상 눈에 보이니 더욱 적극적으로 감사한 사람들을 찾아 쓰게 되었다며 내게 '자신을 변화시켜주는 힘이 되었다.'며 고맙다고 하셨다.

나는 감동과 감사로 벅차올랐다. 절망에 빠져 우울해하던 내가 감사편지를 쓰면서 감사와 행복이 가득한 사람으로 변하고, 이제는 그것을 주변에 나누고 있다. 이 기적적인 변화에 눈물이 날 것 같았다.

"이렇게 행복해도 될까요?"

요즘 나의 기분이 딱 이렇다. 항상 나만을 위해 살아왔던 내가 최대한 많은 사람에게 선한 영향력을 끼치면서 나도 성장하고 성공하고 싶다는 생각을 진심으로 하게 되었다. 그래서 '새로운 사람들에게 365통의 감사편지 쓰기'라는 새로운 목표를 세우게 되었다.

여전히 나는 나를 위해서 감사편지를 쓴다. 하지만 이전에는 온전히 나의 발전을 위해서 감사편지를 썼다면, 이제는 나와 그 편지를 받는 사람이 모두 함께 잘되었으면 하는 마음으로 쓰고 있다. 그런데 그런 마음이 상대방에게 전해지고, 함께 실천하는 사람이 늘어나니 감사할 따름이다. 내가 뿌린 작은 감사편지의 씨앗들이 어느새 감사꽃이 되어 주변에 널리 퍼지고 있음을 느낀다. 그리고 나는 그럴 때마다 진심으로 생각한다.

'이렇게 행복해도 될까요?'라고.

그리고 더 많은 사람이 나와 같은 기분을 느끼기를 진심으로 바란다.

당신도 충분히
남을 기쁘게 할 수 있다

〈카네기 행복론〉에서 눈에 띄는 구절을 발견했다.

우리나라에서도 베스트셀러 〈미움받을 용기〉로 인해 잘 알려진 위대한 정신과 의사 알프레드 아들러가 발표한 놀랄 만한 보고에 관한 것이었다.

14일간의 우울증 해소법에 관한 것이었는데, 아들러 박사는 항상 환자에게, "이 처방대로 하면 14일 안에 반드시 완쾌됩니다. 그것은 매일 어떻게 하면 남을 기쁘게 해줄 수 있을까를 생각해보는 일이죠."라고 말했다. 이것은 우울증 환자에게 중대한 의미가 있는데, 왜냐하면 그들은 '어떻게 하면 남을 괴롭힐 수 있을까'만 생각하고 있기 때문이라고 했다.

또 아들러 박사는 일일일선(一日一禪)을 역설하며, 매일 선행하는 일이 그 행위자에게 큰 영향을 주는 이유로 남을 기쁘게 해주려고 함으로써 번뇌와 공포 그리고 우울증의 원인인 자기 일을 생각하지 않게 되기 때문이라고 했다.

나는 이 글을 읽고 전율했다. 이대로 사는 것보다 감사편지를 한 통이라도 쓰면 어떤 면에서라도 나아지겠지라는 생각으로 시작했는데, 이것이야말로 보통사람들이 가장 쉽게 할 수 있는 '남을 기쁘게 하는 방법'임을 확인했기 때문이다.

사실 우울한 사람들은 무기력한 경우가 많다. 그래서 자기 몸 하나 움직이는 것도 힘들다. 계속 더 처지고 부정적인 생각에 빠져드는데, 그런 와중에 다른 사람을 기쁘게 할 방법을 연구해보라고 하면 열에 아홉은 아예 시도조차 안 하거나 '나는 받은 게 없는데 내가 왜 그래야 하냐'고 반문할 것이다. 실제로 남을 기쁘게 할 방법을 연구해보았다거나 다른 이를 기쁘게 해보았다고 하는 사람은 정말 드물었다고 아들러 박사는 고백한다. 그럼에도 작은 시도라도 해보았던 환자들은 짧은 시간 안에 우울증에서 벗어났을 뿐 아니라 큰 행복감을 느꼈다고 한다.

앞서 말했듯 나는 감사편지를 쓰고 전하면서 큰 선물이나 물질적인 것이 아니어도 진심 어린 감사쪽지 하나와 그 사람에 대한 애정이 담긴 작은 선물로도 충분히 사람들을 기쁘게 할 수 있다는 것을 경험했다. 나는 그런 경험들을 통해 우울증에서 벗어났을 뿐 아니라 진심으로 감사하고 행복한 삶을 찾게 되었다고 자신 있게 말하곤 했는데, 그것이 나만의 생각이나 느낌이 아니라 원래부터 존재하던 아주 효과적인 우울증 해소법이라는 것을 알게 되어 너무나 기뻤다.

나는 한때 인생에 대한 원망으로 가득했었다. 나는 충분히 이미 가진 것에 감사할 줄 아는 사람이라고 생각했고, 운이 좋다고 생각하며, 주어진 환경 안에서 최선을 다해 살았다고 자부했기에 시련이 왔을 때 원망을 넘어 분노까지 느꼈다. 그리고 그렇게 시작된 원망은 나를 넘어서 내 가족, 내 친구, 나를 둘러싼 모든 것으로 퍼졌다. 나는 사람들에게 내가 얼마나 힘든지에 대해 열변을 토하며 나와 함께 있는 사람들을 괴롭혔다.

내게 아이 낳고 얼굴이 좋아 보인다며 순수하게 칭찬해주는 사람들에게 화장할 시간조차 없다고, 화장을 어떻게 하는 것인지도 까먹었다며 내게 투자할 수 없는 현실에 대해 장황하게 떠들어댔다. 우리 아이를 보고 순해 보인다고 칭찬해주면 얘가 사실은 나와 단둘이 있을 때는 얼마나 별난지 모른다며 어떤 방식으로든 부정적인 이야기를 해댔다.

순수한 칭찬마저도 나는 온갖 부정적인 주제로 만들어버리는데 탁월한 능력을 발휘했다. 그래서 사람들은 나랑 한 시간만 있다 보면 고개를 절레절레 흔들며 아이 낳고 싶다는 생각이 있다가도 사라졌다고 말하기도 했다. 그 정도로 나는 내 주변 사람들을 괴롭히고 있었다. 그리고 문제는 내 처지를 비관하느라, 주변 사람들을 괴롭히고 있다는 사실조차 깨닫지 못했다는 것이다. 어느 순간부터 사람들이 왜 그렇게 부정적으로 변해버렸느냐고 말하면, '너도 내 처지가 되면 똑같이 그럴 거다.'라며 힘과 격려는 주지 못할망정 나를 더 힘들게 한다면서 또 원망했다.

정말 못난 모습의 극치였고, 악순환이 꼬리에 꼬리를 물고 이어졌다. 어차피 내가 가지고 있는 문제들은 당장 내 힘으로 바꿀 수 있는 것이 없었다. 어떻게 할 수 없는 문제를 가지고 물고 늘어지면서 나와 내 주변을 힘들게 했다.

그런데 그런 상황에서도 감사편지를 쓰기 시작하자 생각지도 못한 큰 효과를 즉각적으로 느꼈다. 감사편지를 쓰기 위해 목록을 작성해보면서, 왜 그 사람들에게 쓰고 싶은지 간단하게 메모해보면서, 그렇게 메모하다 보니 고마운 사람들이 계속해서 떠오른다는 것에 놀랐다. 그것만으로도 금세 우울한 기분을 떨치고 감사한 기분이 절로 드는 것에 또 한 번 놀랐다.

당장 내가 어찌할 수 없는 문제에 집착하기보다 진심으로 고마운 사람들에 대해서 쓰다 보니, 자연스럽게 감사함에 대해 생각하고 느끼는 시간이 늘어났다. 그런 시간이 늘어날수록 자연스럽게 원망하는 대상도 줄었고, 그러다 보니 어느새 원망과 분노도 사그라져 있었다. 어느 날 문득 돌아보니 내가 원망의 대상이라고 생각했던 그 모든 것들이 사실은 마땅히 감사해야 할 대상임을 깨닫게 되었고, 어느새 진심으로 감사함을 느끼고 있다는 사실에 놀랐다.

예전처럼 책도 읽으면서 이것저것 시도했지만 잠시 효과가 있는 것 같다가 다시 부정적인 모습으로 돌아가곤 했는데, 이번에는 너무 쉽게 시각이 전환되는 것이 허무할 정도다. 한 통씩 편지를 전할 때마다 생각지도 못한 에피소드가 생기고, 무엇보다 사람들이 즐거워하고 좋아하는 모습에 그 여운이 오래도록 남았다.

가끔 메시지로 내게 고맙다고 다시 한번 인사하는 사람들도 있는데, 기분이 처질 때 그 메시지들을 보면 내가 대단한 것을 하지 않아도 다른 사람들을 기쁘게 할 수 있는 사람이라는 것에 금세 기분이 좋아진다.

사람에게는 거울세포라는 것이 있다고 한다. 상대방이 하는 행동을 보는 것만으로도 우리 뇌에서 같은 부분이 활성화되는 원리다. 상대의 동작을 보고 있는 것뿐인데도 거울처럼 나의 뇌가 반응하는 것이다. 쉽게 설명하면 상대방이 종이에 손가락을 베는 모습을 보면 "으!" 하면서 같이 인상을 찡그리게 되는 것이다. 이것은 긍정적인 상황에서도 마찬가지로 작용한다.

나는 대부분 직접 얼굴을 보고 편지를 전했는데, 그러면 상대방이 좋아하는 모습에 같이 웃음 짓게 된다. 또 그 표정이 뇌리에 남아 나중에 혼자 있을 때도 웃음 짓게 되는 경우가 많다. 그렇게 감사편지를 쓰고 전하는 것은 그 순간뿐 아니라 오래도록 여운이 남아서 내가 긍정적인 기분을 유지하는 데 엄청난 도움을 준다.

그렇게 감사편지를 쓰기 시작함과 동시에 우울한 기분에서 허무할 정도로 빨리 벗어날 수 있었고, 나아가 점점 더 많은 것에 감사함을 느끼게 되었다. 어느새 진심으로 행복해하고 있는 나를 발견할 수 있었다.

'남을 기쁘게 하라. 선행을 베풀라.'

당장 우울하고 힘든 상태에서 너무나 부담스럽게 느껴지는 말일 수도 있다. 하지만 너무 어렵게 생각하기보다 감사쪽지 한 통부터 시작해보면 어떨까 싶다. 행복이란 것이 과연 내게 올까 싶을 정도로 절망하고 있는 사람이라도 그 작은 행동이 생각지 못한 큰 효과를 불러오리라 확신한다. 사막에서 물 한 모금만으로도 충분히 힘을 낼 수 있듯, 힘든 상황이기에 감사쪽지 한 통이 오히려 더 강력한 힘을 줄 수 있을 것이다.

아인슈타인은 '똑같은 삶을 살면서 다른 내일을 기대하는 것은 정신병 초기다.'는 말을 남겼다. 지금 이미 너무나 행복해서 굳이 편지를 쓸 필요가 없다면 정말 감사하고 축하할 일이다. 하지만 어떻게든 조금이라도 다른 미래를 살고 싶다면 작은 것부터 하나만 시도해보자. 나는 그저 조금이라도 나은 미래를 원했다.

내가 누군가에게 기쁨을 줄 수 있다는 생각조차 못한 채로 한 통 한 통 써내려 갔고, 지금은 시작할 때는 상상조차 못했던 성장을 했다고 자신 있게 말한다. 모든 것은 그날 절박한 마음으로 무작정 써내려간 감사쪽지 한 통에서 시작되었다. 그렇게 시작해보길 간절히 바란다. 당신도 충분히 누군가에게 기쁨을 줄 수 있는 사람이다.

감사편지를 쓸 대상이 없다고
말하는 사람들에게

오래전에 인터넷에서 아주 특별한 실험에 관한 이야기를 본 적이 있다. 어떤 사람이 한 달 동안 특별한 실험을 했다. 한 마을의 일정한 구역에 있는 집집에 매일 만 원씩 아무 조건 없이 나누어준 후에 그 결과를 관찰해보는 것이었다.

첫째 날, 집집이 들러서 만 원씩 놓고 나오는 그를 보고 사람들은 제정신인지 의아해하면서도 멈칫멈칫 나와서 돈을 집어갔다.

둘째 날, 셋째 날도 비슷한 반응이었다.

그리고 넷째 날이 되자 그 동네는 만 원씩 선물로 주고 가는 사람의 이야기로 떠들썩했다.

신기하기도 하고 고마운 마음이 들기도 했다. 둘째 주쯤 되었을 때는 현관 입구까지 나와서 돈을 주는 사람을 목이 빠지게 기다리기도 했다.

하지만 셋째 주가 되자 마을 사람들은 더는 이 낯선 사람이 와서 돈을 주고 가는 것이 신기하거나 고맙지 않게 되었다.

넷째 주가 되었을 때는 매일 만 원씩 돈을 받는 것이 세끼 밥을 먹고 세수하고 출근하는 것 같은 일상사가 되어버렸다.

드디어 실험 기간이 끝나는 한 달의 마지막 날, 그 실험을 계획했던 사람은 평소와 달리 마을 사람들에게 돈을 나눠주지 않고 골목을 지나갔다.

그러자 이상한 반응들이 터져 나왔다. 여기저기서 화를 내고 투덜대기 시작했다.

"우리 돈은 어디 있습니까?"

"오늘은 왜 돈 만 원을 안 주는 건가요?"라고 따져 묻기까지 했다.

마을 사람들에게 매일 만 원을 받는 일은 어느새 권리가 되어버린 것이다.

호의가 계속되면 권리라는 말이 있다. 신기하게도 많은 사람이 처음에 받을 때는 고마워하다가 받는 것에 익숙해지면 고마웠던 것들이 당연한 것이 되고, 더 주지 않는다고, 더 잘해주지 않는다고 불만을 토로한다. 그것들이 내가 당연히 누려야 하는 권리라고 착각하게 되는 경우를 자주 본다. 물론 나도 그런 사람 중 하나였다.

나도 감사편지를 직접 써보기 전까지는 내 주변에 이렇게 감사할 대상이 많음을 알지 못했다. 내가 그렇게 많이 받고 있다고 생각지 못했다. 힘들 때는 세상에 나 혼자라고 느끼기도 했다.

부모니까 내게 이 정도는 당연히 해줘야 하고, 이 정도의 도움은 당연히 주어야 한다고 생각했다. 그런데 내가 힘든데 그걸 알아주지 않는다고, 힘든 상황에서 벗어나게 도와주지 않는다고 원망했다. 남편이니 돈도 벌어와야 하고, 가정적이어야 하고, 내가 힘들면 당연히 의지할 수 있을 만큼 강해야 한다고 생각했다. 그런데 감사편지를 전하다 보니 그것들이 당연한 게 아니었다. 그러다 보니 자연스럽게 감사할 대상이 끝도 없이 넓어졌다.

아파트를 관리해주는 경비 아저씨, 안전하게 목적지까지 데려다주는 택시 기사, 맛난 음식을 제공해주는 요리사, 언제나 친절하게 맞이해주는 단골 커피숍 직원, 내가 일하는 곳을 청소해주는 분, 나아가 동네를 깨끗이 관리해주시는 환경미화원분까지… 내가 내는 돈인데 이 정도 받는 게 당연하지, 세금을 내는데 이 정도는 당연한 거지라고 생각했던 내가 점점 진심으로 내가 내는 돈 이상으로 많이 받고 누린다고 생각하게 되었다.

나를 목적지까지 정확하게 데려다 주면 사실 그것으로 택시 기사님의 임무는 충분히 끝이다. 하지만 우리는 친절까지 바란다. 커피숍에서 맛있게 음료를 만들어주면 그것으로 충분하다. 그런데 우리는 혹여나 종업원의 표정이 무뚝뚝하면 더 친절하게 대하지 않고,

서비스가 안 좋다고 불평한다. 물론 돈을 내고 이용하는 것이니 권리는 있지만, 그것이 어디까지인가 하는 것은 기준이 다를 수 있다. 나는 내가 사 먹는 음료 이외에 그 이상의 친절을 바라지 않으니 그들에게 진심으로 감사하게 되었다. 그래서 직원분이 친절을 베풀어주면 더욱 감사하고 감동했다.

내 단골 커피숍의 직원분들은 유달리 친절하다. 한번은 내가 책을 보다가 잠이 들었는데 깨고 보니 어깨에 담요가 덮이져 있었던 적도 있고, 유모차나 자전거를 끌고 갈 때면 언제나 나와서 함께 들어주시고, 심지어 친구의 남편이 그곳을 못 찾아오니 직접 통화하여 데리러 나가주신 적도 있었다. 그렇게 친절한 분들이니 감사하는 게 당연하다고 생각할 것이다. 하지만 만약 내가 처음부터 그들의 친절을 당연하게 생각했다면, 그분들도 내게 그렇게까지 친절을 베풀진 않았을 거라는 생각을 한다.

친절에 감사해서 감사쪽지를 통해 표현하니 그분들도 진심으로 기뻐하며 더 친절을 베풀었다. 나뿐 아니라 내 아이, 가족 그리고 내 지인에게도 친절했다.

나는 감사하려 노력하는 것도 좋지만, 감사하려고 하는데 안 된다고 하는 사람들에게는 내가 가지고 있는 것을 당연하다고 생각지 않는 것만으로도 저절로 많은 것들이 감사해짐을 느낄 수 있다고 말한다.

성대결절을 걸려 보니 목소리가 잘 나오는 것이 당연한 것이 아님을 알게 되었다. 장염에 걸려 보니 소화를 잘 시키고 원하는 음식을 마음껏 먹을 수 있음이 당연한 것이 아님을 알게 되었다. 다들 비슷한 경험이 한 번쯤 있을 것이다. 꼭 큰 병에 걸리지 않아도 감기몸살을 심하게 앓고 나면 평소의 건강이 얼마나 감사한 것임을 절실히 느낄 수 있다.

싹수없는 동료 때문에 힘든 경험도 있을 것이다. 동료라서 서로 예의 갖추는 게 당연한가? 어디에나 예의 없는 사람은 있고, 그들은 보통의 사람과 다른 기준을 가지고 있는 경우가 많다. 심지어 자신이 예의가 없다는 것조차 자각하지 못하는 경우도 많다. 예의가 당연한 게 아니라고 생각하면 그것마저도 감사해진다.

서로 돕고 살아야 한다고? 돕는 게 당연한가? 혼자 사는 세상이 아니니 서로 돕고 사는 것이 좋다. 하지만 누군가 당신에게 사람이 서로 돕고 살아야지 하며 당연한 듯 도움을 받으면 기분 어떨까?

내가 365통 감사편지를 다 썼다고 하니 어떤 사람은 그렇게 감사편지를 쓸 대상이 많은 것이 신기하다고 한다. 자기는 아무리 생각해도 감사편지 쓸 사람이 없다고도 한다.

감사편지를 쓰기 전에 내 주변 사람들이 내게 베푸는 것을 당연하게 생각진 않았는지 되돌아보기만 하면 된다. 내가 누리는 것을 당연하다고만 생각지 않으면 감사를 전할 대상, 감사편지를 쓸 대상은 무궁무진함을 알게 된다.

세상에 당연한 건 '감사해야 하는 것!', 이것뿐이라 생각한다.

그동안 감사를 '당연히' 전해야 했던 대상의 목록을 만드는 것부터 시작해보자.

'그래, 감사 좋지. 감사해야지, 감사해보자.'라는 생각만 하지 말자.

나는 충분히 감사하고 있는데 하고 혹시나 자만하지 않았으면 한다. 감사에는 충분도 없고 지나침도 없다.

긍정적이고 감사하는 생각도 좋지만 중요한 것은 행동이다. 감사 편지를 꾸준히 쓰면서 나는 감사가 행동으로 옮겨지면 인생은 더욱 적극적으로 내 편이 된다는 것을 경험했다. 그러니 자신 있게 말할 수 있다. 내가 당연하게 누린 것들을 베풀어준 사람들에게 감사쪽지라도 간단하게 전해보라고. 그러면 감사하다는 생각만 할 때보다 비교되지 않을 만큼 엄청난 것들을 경험하게 될 것이라고.

단 1%의 용기와 실천이면
충분하다

나는 감사편지를 직접 쓰기 전에는 내 인생을 바꾸기 위해서는 뭔가 정말 엄청난 결단을 해야 하고, 무엇인가를 송두리째 바꿔야만 가능한 것인 줄 알았다. 성공한 사람들의 이야기를 읽어보면 보통 사람은 쉽게 하기 힘든 생사를 넘나드는 경험을 한 뒤로 완전히 인생이 바뀌었기 때문이다. 하지만 나나 내 주변을 보면 아프고 힘든 일을 겪긴 해도 그렇게 어마어마한 일을 겪는 경우는 드물었다. 그리고 힘든 일을 겪는다고 해서 그 사람이 완전히 변하는 경우도 드물었다.

나 스스로 긍정적이라 여길 때는 그런 책들을 읽으며 '그래, 나는 더 잘할 수 있어! 나도 해보자!'라고 힘을 내곤 했지만, 완전히 부정적이고 절망적일 때 그런 책을 보니 '그래, 그런 상황에서 벗어나서 이제는 엄청난 성공까지 이루었으니, 그건 누구나 다 할 수 있는 게 아니라 당신이 정말 특별한 사람이라서 그런 거야! 그런 상황에서도 성공할 사람이라면 어디서 무얼 하든 당신은 성공할 거야! 하지만 나는 평범한 사람이라고!'라는 생각밖에 들지 않았다. '특별한 당신의 이야기를 제발 누구나 다 할 수 있는 것처럼 하지 말라고!'라고 생각했다.

지금까지 살아온 방식으로 계속해도 안 된다면 그 방법이 잘못된 것이 맞다. 그리고 그 방법에 변화를 주어야 하는 것도. 하지만 그것이 99퍼센트를 바꾸어야 하는 것은 아니라는 것을 나는 절실히 깨달았다.

우울하고 절망적이었을 때 내가 선택한 것은 책을 읽고 감사편지를 쓰기로 한 것이었다. 나는 일상의 틀에서 크게 벗어나지 않은 채로, 아이를 키우고 일하면서 묵묵히 15개월 동안 365통을 쓴 것뿐이었다.

물론 감사편지를 쓰고 전하는 과정에서 크고 작은 에피소드들은 있었다. 그 덕분에 쳇바퀴 돌 듯 매일 같은 삶을 반복하던 나는 활력을 찾기도 했다. 그렇다고 해서 어느 날 갑자기 내 인생을 송두리째 바꿀 만한 엄청난 경험을 한 것도 아니다. 그저 하루하루 최선을 다해 내가 결심한 것을 하다 보니 어느새 내가 그렇게 변화하려고 했을 때는 절대 되지 않았던 것들이 모두 변해있다는 것을 깨달았다.

이 얼마나 아이러니한가.

하지만 그 덕분에 나는 더 큰 희망을 보았다. 우리는 우리의 삶을 더 나아지게 하려고 엄청난 결심을 할 필요도, 엄청난 것에 도전할 필요도 없다는 것을.

안전하고 안정되게 살고 싶은 것은 모든 인간의 욕구이다. 하지만 어떤 책들은 자꾸만 지금의 삶에 안주하지 말고 더 큰 것에 도전하라고 한다. 인생의 모든 것을 걸라고 한다. 그 무엇도 보지 말고 당신의 꿈을 향해서 그렇게 한번 미쳐보라고 하기도 한다.

그럴 수 있다면 얼마나 좋을까? 나처럼 가정이 있고, 무엇보다 나만 바라보는 아이가 있는데 내 꿈, 내 목표를 향해 미친 듯이 달려가라고? 내가 꿈을 이루지 못한 것은 내가 최선을 다하지 않아서, 내 모든 것을 걸지 않아서, 도전하지 않아서라고? 미치지 않아서라고?

물론 목표를 정했으면 분명 꾸준히 실천해야 하고, 핑계를 대지 말아야 한다. 하지만 우리 대부분은 그렇게 모든 것을 내려놓거나, 걸거나 하는 식으로 인생을 맡기기는 힘들다. 나 혼자라면, 어리다면 도전해볼 만하겠지만, 실제로 그렇게 하기엔 평범한 우리의 인생은 하루가 위태위태해 보인다.

그래서 나는 더더욱 감사편지를 써야 한다고 생각한다. 약간의 쑥스러움을 극복하고 약간의 용기만 있으면, 사실 용기라는 말을 붙이기도 민망할 정도의 적극적인 자세만 있다면 가능하다. 억지로 감사함을 쥐어짜 내는 것이 아니라, 내가 받은 친절과 도움에, 사실은 이미 감사하다고 표현했어야 할 그 모든 상황에 감사함을 담아 손글씨로 써서 전하는 것, 딱 그거 하나면 당신의 인생을 충분히 바꿀 수 있다.

1도의 차이가 별것 아닌 것 같지만, 멀리 갈수록 그 차이는 너무나 크다는 것을 잘 알 것이다.

우리는 1도만 바꾸어보면 된다. 그러면 어느새 180도 달라진 자신을 느낄 것이고, 1퍼센트의 용기와 행동으로 인생의 99퍼센트가 바뀌어 있을 것이라 확신한다.

만약 내가 권하는 이 방법이 돈이 많이 든다거나, 시간이 많이 든다거나, 너무 큰 용기와 도전이 필요하다면, 현재 그렇지 않아도 힘든 당신의 삶을 잠시라도 더 힘들게 하는 것이라면 나는 이렇게 자신 있게 권하지 못할 것이다.

나는 투자할 돈도 없었고, 그럴 마음의 여유도 없었던 평범한 주부였다. 나 하나 건사하기도 힘든 상황에서 아이와 가정까지 위기에 빠뜨릴지 모른다는 절박함에 시달렸던 사람이 그 상황에서 어떤 대단한 것을 할 수 있었겠는가? 그래서 나는 당당하게 말할 수 있다. 알다시피 나는 엄청난 일에 도전한 것도 아니었다. 손글씨로 직접 써서 전하는 약간의 불편함을 감수했을 뿐이었다. 감사쪽지, 카드, 메모 그것들을 감사한 사람들에게 전한 것이 다였다. 다른 성공기에 비하면 이걸 도전이라고 하기도 민망하다. 그래서 더욱 자신 있게 말할 수 있다. 내가 감사편지를 쓰고 인생을 변화시켰으니 당신도 충분히 그럴 수 있다고.

군이 당신의 인생에서 뭔가를 크게 바꿀 필요는 없다. 약간의 새로운 시도면 된다.

현재 감사일기나 다른 것들을 통해 감사를 충분히 느끼고 있는 사람이라면 너무나 잘되었다. 거기에 감사편지를 쓴다면 나보다 더 빠르고 큰 효과를 느낄 것이라 확신한다. 지금까지의 방식으로 느꼈던 그 이상의 감사와 풍요로움을 느끼리라 확신한다.

만약 현재 가진 것이 정말 아무것도 없고, 의지할 데도 없으며 이제는 도전이라는 것조차 하기 힘들고, 일단 감사하고 보라는 메시지조차 듣기 싫을 정도로 힘든 상황이라면 더더욱 잘되었다. 그럴수록 당신 안에서 억지로 감사함을 찾지 마라. 남들이 따뜻한 햇볕에 감사하는 것을 보며 왜 나는 같은 햇살을 보며 전혀 감사하지 못할까 자책하지 마라. 차라리 주변에서 감사함을 표현해야 하는 대상을 찾아라. 그래도 가족은 있을 것이고, 친구나 동료는 있을 것이다.

계속 말하지만 대단한 것에 감사하라는 것이 아니다. 혹시나 어제 동료가 당신에게 작은 친절을 베풀었다면 내게 친절을 베풀어줘서 고맙다며 캔 음료에 쪽지를 붙여서 줘라. 그걸로 시작하면 된다. 그렇게 몇 번 반복하다 보면 스스로 당신에게 맞는 방법을 찾아서 어느새 적극적으로 편지를 쓰고 전하는 자신을 발견할 것이라 확신한다.

맺음말

감사편지로 '때문에'가 아닌 '덕분에'의 삶을 살자!

집 근처에 예쁜 공원이 있다. 그 공원 덕분에 예쁜 경치를 감상하며 산책하기도 하고, 또 그 길을 따라 예쁜 커피숍과 음식점들이 있어서 너무나 감사하다.

그중에도 특히 나와 가족의 추억이 있고, 친절한 사장님과 직원들이 있는 내 감사쪽지의 대상이기도 한 '그 한옥'이라는 단골 커피숍이 있어서 정말 행복하다.

'그 한옥'이라는 이름처럼 한옥의 정취도 느껴지면서도 현대적인 감각이 있는 곳. 탁 트인 공간에 천장도 유리로 되어 있어 비가 올 때면 빗방울이 떨어지는 걸 올려다보며 감상에 젖기도 하고, 벽 한쪽이 탁 트여 있어 머리가 지끈거리거나 원고가 안 쓰일 때는 지나가는 사람들과 경치를 보며 머리를 식히기도 했다.

이곳이 마음에 드는 많은 이유 중 하나는 딱 내 취향에 맞는 음악 선곡 때문이기도 하다. 신기하게도 내 추억이 있는 노래들을 잘 틀어준다. 바쁜 일상에 지치다가도 음악을 들으며 이곳에 앉아 차 한 잔을 하는 것만으로도 내겐 힐링이 되었다.

그런데 어느 날 문득 그런 생각이 들었다.

언제나 같은 장소에서, 항상 같은 공원 경치를 바라보며 지나다니는 사람들을 구경하는데 나오는 노래에 따라 나는 감상에 젖기도 하고, 사랑에 빠진 양 설레기도 했다. 또 어떤 노래를 들을 땐 슬픈 기억이 떠올라 왠지 모르게 슬픔에 잠긴 적도 있다.

한마디로 음악에 따라 내 추억이, 감정이 달라지니 매일 보는 경치인데도 달라 보였다.

다들 이런 경험이 있을 것이다. 냄새 하나에도 옛 추억에 잠기거나 누군가를 떠올리고, 그로 인해 매일 똑같아 보이는 일상의 순간에서 갑자기 감상에 젖어봤을 것이다. 너무 바빠서 다른 것은 생각할 여유가 없다고 하지만, 그래도 우리는 문득문득 그런 순간들을 자주 맞이한다.

커피숍의 배경 음악 하나에도 그렇게 많은 영향을 받는데 내가 평소 세상을 보는 관점은 하루에 얼마나 많은 영향을 미칠까? 그런 하루하루가 쌓여 사람의 인생에 얼마나 큰 변화를 만들어낼까 생각하면 놀라울 때가 많다.

감사편지를 쓰기 시작하면서 감사의 시각으로 세상을 바라보게 되니 알 수 없는 미래가 두렵기보다는 설렌다. 아무런 희망이 없다고 느껴져서 절망했던 불과 1년여 전을 생각하면, 같은 세상인데 어쩜 이리 다르게 보일까 싶다. 이것이 기적이 아니면 무엇일까?

전에는 "아이 때문에 너무 힘들어." 라고 말했지만 이제는 아이 덕분에 감사하다.

나보고 결혼하자고, 아이 낳자고 꼬드겼던 한때는 한 마리 못생긴 개구리 같던 남편이 이제는 너무나 멋진 개구리 왕자님처럼 보인다.

아이 '때문에' 많은 기회를 놓친다고 생각했다.

아이 '덕분에' 더 큰 기회를 보는 눈을 가지게 되었고, 더 큰 세상을 알게 되어 감사하다.

아이 '때문에' 내가 그동안 누린 모든 것을 포기한다고 생각했다.

아이 '덕분에' 내가 그동안 알지 못했던 더 크고 많은 것들을 누리게 되어 감사하다.

아이 '때문에' 내가 감사하지 못하고 우울과 부정의 늪으로 빠졌다고 생각했다.

아이 '덕분에' 가짜 감사에 빠져 부정적인 사람들을 무시하며 지내던 과거에서 벗어나, 진짜 감사를 알게 되고 나와 다른 이들을 자연스럽게 받아들이게 되어 감사하다.

남편 '때문에' 내가 하지 않아도 될 고생을 한다고 생각했다.

남편 '덕분에' 어떤 역경도 헤쳐나갈 지혜와 용기, 인내를 얻게 되어 감사하다.

남편 '때문에' 내가 굳이 지지 않아도 될 빚을 떠안게 되었다고 생각했다.

남편 '덕분에' 내가 그동안 당연한 권리로 여기며 아무렇지 않게 남들에게 진 빚을 나만의 방식으로 조금씩 갚으며 살아갈 수 있게 되어 감사하다.

한때는 내가 무슨 죄를 지어서 아이를 낳고 이렇게 고통받고 있나 생각했었다. 이제는 내가 감사편지를 통해 진정한 감사를 찾은 덕분에 이렇게 소중한 아이와 듬직한 남편과 행복을 누리는구나 생각한다.

매일 아이에게 진심으로 말한다, 엄마한테 와줘서 고맙다고.

"사랑해, 고마워, 축복해."라고.

그렇게 말할 수 있어서 감사하고, 그렇게 말하고 나면 또 더 감사해진다.

'아무것도 기적이 아닌 것처럼 살 것인가, 모든 것이 기적인 것처럼 살 것인가.'라고 했던 아인슈타인의 말처럼 날마다 기적 같은 하루다.

모든 것이 기적 같은 하루하루.

매일같이 '때문에'라는 이유에 빠져 감사해도 모자랄 이 소중한 순간을 아무것도 아닌 것처럼 허비하며 살지, '덕분에'의 시각으로 기적 같은 하루하루를 살아갈 것인지 생각해보자. 어떤 하루를 살고 싶은지, 또 살아갈 것인지는 전적으로 당신의 선택이다.

지금까지 당신이 어떤 삶을 살아왔는지는 중요하지 않다. 또다시 이런 과거 '때문에', 이런 현실 '때문에'라며 세상을 탓하는 삶으로 돌아가기보다는 이왕이면 당신이 '덕분에'의 삶을 선택하기를 진심으로 빈다.

그리고 그 '덕분에'의 삶으로 가는 길에 이 책과 감사편지가 조금이나마 도움이 되기를 바라본다.

부록

당장 감사편지를
쓰겠다고
결심한 분들을 위한
참고사항

감사편지란 무엇인가?

　내가 감사편지를 쓴다고 하거나, 감사편지를 써보라고 하면 감사편지니까 당연히 '다른 사람에게 감사한 점을 찾아 편지에 쓰는 것'이라고 받아들일 줄 알았다. 그런데 사람들은 "대체 그게 뭐야? 어떻게 쓰는 거야?"부터 자기한테 쓰는 거냐, 정말로 편지지에 쓰는 거냐, 또는 일기장에 편지처럼 쓰는 거냐 등등 다양하게 물어왔다. 뜻밖에 많은 사람이 감사일기를 떠올려서 정말 신기했다. 한편으로는 워낙에 편지를 부칠 일이 없으니 감사한 마음을 담아 편지를 보낸다는 것 자체가 이 정도로 낯설게 느껴지는 일인가 씁쓸하기도 했다. 심지어 감사편지를 대행해주는 사이트도 있다는 것을 알고 너무나 놀랐다.

　그래서 감사편지가 어떤 것이고, 내가 어떤 식으로 써왔는지 설명해보고자 한다. 편지라고 하여 꼭 편지지에 써야 하는 것은 아니다. 〈365 Thank You〉라는 책에서도 감사편지는 실질적으로 감사쪽지나 카드에 더 가깝다고 했다. 나 또한 쪽지, 메모, 카드, 편지 봉투 등에 다양하게 썼다. 이 모든 것을 통칭하여 감사편지라고 부른다.

　'손글씨로 진심을 담아 감사한 마음을 구체적으로 적어 보내기!' 이것 하나면 충분하다. 가끔 글씨체가 안 예뻐서 못 쓰겠다는 사람도 있다. 하지만 감사편지를 받은 사람은 그 내용을 보지 절대 글씨체를 가지고 뭐라 하는 일은 없으니 걱정하지 말길 바란다.

　감사편지를 있어 보이게 쓰고 싶거나, 상대방을 꼭 감동하게 해야 한다는 부담감을 가지는 사람도 있는 것 같다. 감사편지는 일차적으로 자신을 위해 쓰는 것이다. 감사를 전하면, 특히 글로 적어 전하면 일단 내가 행복해진다. 내가 행복해지기 위해 감사편지를 전하는 것이다. 다른 사람을 생각하고 글로 적는 과정을 반복하다 보면 자신도 모르는 사이에 성장한다. 그리고 그것을 받고 사람들이 기뻐하는 것까지 덤으로 누리는 것이다.

나도 〈365 Thank You〉라는 책을 읽고 방법을 참고하긴 했지만, 어디까지나 참고이다. 〈365 Thank You〉의 저자는 짧고 간결하게 쓰라고 했지만 내 경우 쓰다 보니 감사한 것들이 계속 떠올라 길어지는 경우가 많았다. 그래서 처음엔 쪽지나 카드를 주로 썼지만, 나중엔 편지지에 몇 장씩 쓰는 경우도 많아졌다. 당연한 말이지만, 절대적인 법칙이 있는 것이 아니다. 이것들은 단지 참고사항일 뿐이고, 쓰다 보면 분명 자신만의 방법과 요령이 생긴다.

❶ 감사편지 편지지에 쓴다. 편지지 디자인에 따라서 생각보다 얼마 안 적어도 편지지 한 장을 금방 채울 수 있다. 도일리 페이퍼나 작은 감사카드보다 내용이 덜 들어가기도 한다. 쓰기 전에는 편지지라는 부담감에 뭔가 많이 적어야 할 것 같은데 막상 적으면 그 공간이 얼마 안 되는 편지지들이 상당히 많다.

편지를 전해 주었을 때 사람들이 가장 감동하는 것 같긴 하다. 일단 손편지를 받는다는 것에 놀라고, 손글씨로 직접 썼다는 그 자체에 정성을 느끼고, 또 편지라고 하면 별 내용이 없어도 길게 쓴 것 같은 느낌을 받기도 하는 것 같다.

처음에는 예쁜 편지지 세트를 사서 썼다. 그런데 가격이 만만치 않다. 천 원짜리 편지지 세트를 사면 두 명에게밖에 못 쓴다. 그래서 나중엔 편지지 패드와 봉투를 따로 사서 썼다. 다이소에 가면 500원에 파는 편지지 세트가 있는데, 편지 쓰는 공간도 적당하면서 예쁜 디자인이 많다.

❷ 감사카드 선물가게에 가면 예쁜 카드들이 정말 많은데 비싼 편이다. 크기가 크고, 예쁜 것들은 3, 4천원짜리도 많다. 어느 날 문구점에서 '감사해요, 고마워요.'라는 메시지가 적힌 감사카드를 발견했다. 500원인데 꽤 많은 내용 들어가서 정말 애용하고 있다. 문방구나 다이소에도 500원짜리 카드들이 꽤 있다. 특히 다이소에는 500원에 카드가 두 장 들어 있는 것도 있다. 공간은 그리 많지 않지만, 그래도 필요한 말을 쓰기엔 충분하다.

❸ 감사엽서 카드보다 가격이 싸서 종종 사용한다. 〈기적의 손편지〉의 저자는 카드나 편지지값이 부담돼서 평소에 찍은 사진을 인화해서 뒤편에 메시지 써서 보낸다고 한다. 좋은 방법 같다. 특히 그 사람과 추억이 담긴 사진이나, 관련된 사진을 사용해서 보낸다면 세상에 하나뿐인 감동적인 엽서가 될 것이다. 스냅샷 같은 어플에서도 신청하면 집으로 배달해준다.

❹ 감사쪽지 다이소에 '도일리 페이퍼'라고 하는 포장할 때 쓰는 종이가 있다. 50매, 100매짜리가 천원이다. 편지용이 아니지만, 여기에

쓰면 예쁘다. 핸드크림이나 커피 같은 것에 삼등분으로 접어 같이 붙여서 주면 좋다.

❺ 감사메모 간략하게 메모처럼 감사하다고 적어서 주는 것이다. 이렇게 전한 건 10번이 채 되지 않지만, 급할 땐 포스트잇에 적거나 봉투 겉봉에 메시지를 적기도 했다. 하지만, '감사합니다!'라고만 적는 것은 감사편지로 취급하지 않았다. 감사편지를 쓰는 것에 있어서 가장 중요한 것은 왜 고마운지 구체적인 이유가 들어가야 하기 때문이다. 그리고 진심이어야 한다. 식당 점원이 물을 가져다줄 때 습관적으로 "감사합니다."라고 하지만 그 순간 진심으로 감사하다고 말하는 사람은 거의 없을 것이다.

어느 날 지갑을 안 가지고 나가서, 마침 친정엄마와 연락이 닿아 엄마께 교통카드랑 현금 빌린 적이 있는데 돈을 돌려 드리면서 포스트잇에 '빌려줘서 감사하다고, 덕분에 어려움 없이 출근도 잘하고 볼일 잘 봤다'고 메모했다. 하지만 너무 이런 식으로 간단하게만 쓰는 건 권장하지 않는다. 형식이나 길이는 상관없지만 그래도 이왕 드리는 것 쪽지나 카드를 추천한다.

누구에게 써야 할까?

감사편지를 쓰겠다고 결심했을 때 당연히 내겐 편지지가 없었다. 하지만 더는 편지지가 없다는 핑계 같은 것은 대고 싶지 않았기에 당장 할 수 있는 것을 찾아 시작했다. 바로 내가 감사편지를 쓸 사람의 리스트를 작성하는 것이었다. 분명 이 책을 읽고 감사편지 써보려고 하는 독자들 대부분도 편지지나 카드를 갖고 있지 않을 것이다. 내일 사서 써야지, 또는 오늘 가는 길에 사야지 하기보다 일단 감사편지를 쓸 사람의 목록부터 작성해보길 바란다. 처음에 나도 그렇게 많은 사람이 떠오를지 몰랐다. 당장 써야 하는 사람부터 순위를 정해 어떤 내용으로 쓸지 일단 노트에 적어두었다. 그리고 다음 날 편지지를 사서 옮겨 적었다.

그러니 지금 당장 노트와 펜이 없어서 감사편지를 못 쓰겠다는 생각은 버리고 당장 휴대전화에 떠오르는 사람들의 이름을 적고, 왜 쓰고 싶은지 간단한 이유 정도와 함께 기록해보자.

처음에 나도 가족과 친척, 친구들 등 내 바로 주변 사람들에게 먼저 쓰기 시작했다. 그러다가 점점 이웃이 보이고, 나랑 크게 상관이 없다고 생각했던 사람들에게까지 쓰게 되었다.

- 가족 친정식구들, 시댁 식구들, 시이모님 가족들까지
- 친구들 오랜 동창들, 사회에 나와서 알게 된 친구들
- 친구의 가족들 친구 배우자들, 친구 부모님, 친구의 형제들

내 친구들 남편들 중에는 자상한 사람이 많다. 그중 한 친구의 남편은 정말 한눈에 봐도 사랑과 활력이 넘치는 분이다. 언제나 우리를 너무나 배려하고 도와주신 것이 많아서 감사편지를 쓰겠다고 결심했을

때 그분도 떠올랐다. 그래서 친구를 통해 편지를 전했는데 그분이 받으시고 감동하셨다가 나중에는 "나도 답장을 써야 하는 거야?"라며 엄청 고민하셨다고 한다. 그렇게 약간 부담을 주는 때도 있지만 그래도 받고 싫어하는 사람은 없다. 그러니 쓰자.

● 직장 동료, 동료의 배우자들

직장동료의 남편이 어느 날 나랑 같이 먹으라고 삼각김밥을 싸주셔서 폭풍감동을 받아 다음 날 바로 감사쪽지를 썼다. 그랬더니 그분도 받으시고 겨우 삼각김밥 하나 싸준 거에 이렇게 감사쪽지 쓰는 사람이 있느냐고 기뻐하셨다고 한다.

● 친척들, 친척의 배우자들

친척 언니의 남편은 낯가림 심한 편이라 한다. 그런데도 우리 가족을 만날 때면 전혀 그렇게 느끼지 못할 정도로 말도 잘하시고, 농담도 잘하신다. 언니네 집에 육아용품을 얻으러 갔을 때도 하나라도 더 챙겨주시고 하시는 것이 너무나 감사해서 감사편지를 썼었다.

물론 지인들의 배우자에게 쓰는 것은 뜻하지 않게 오해를 살 수 있지 않을까 생각될 수 있다. 그래서 사람을 봐가면서 써야 한다. 그러나 내가 순수한 의도로 감사함을 전하고자 한다면 상대방도 그렇게 받아들여 줄 것이다.

● 책의 저자들

감사편지를 쓰는 것이 습관이 되자, 책을 읽고 너무 좋으면 저자들에게 직접 편지를 써야겠다는 생각을 하게 되었다. 직접 만나기 위해 강연회나 강의를 들으러 갈 때면 미리 감사편지를 쓰기 시작했다. 그렇게 편지를 미리 써가면 더 열린 마음과 적극적인 자세로 강의를 듣게 되니 당연히 내가 얻는 것도 많아졌다.

• 택시 기사님들

한동안 출강을 나가면서 거리와 시간이 애매해서 카카오 택시를 자주 이용했다. 다들 너무나 친절하고 목적지까지 빠르고 정확하게 데려다 주시는 게 항상 감사하다고 생각하다가 택시에서 내릴 때 "감사합니다! 초콜릿 드세요."라고 전하며 내리곤 했다.

• 택배 기사님들

아이를 낳은 뒤로 육아용품 구입은 거의 소셜사이트를 이용하다 보니 택배를 정말 자주 받게 되었다. 전에 직장생활을 할 때는 택배 아저씨들을 마주칠 기회가 거의 없었고 항상 경비실에서 찾아와서 몰랐는데, 집에서 받다 보니 다들 구역이 있어 항상 같은 분이 오신다는 것을 알게 되었다. 그런데 그중 유독 친절한 분이 계셔서 아이가 있어 밖에 나가 물건을 사기 힘든데 덕분에 편하게 아기 물건을 살 수 있어 감사드린다고 음료수나 초콜릿에 쪽지를 붙여 드리기도 했다.

• 물건 반품, 교환 시 판매자

가끔 구매자의 실수로 교환해야 할 때에도 게시판에 안 좋은 말을 써놓는 사람들이 있다. 판매자 입장에서는 그래도 항상 친절해야 한다는 스트레스가 있을 것이다. 그런데 이왕 보내야 하는 돈이라면 편지 겉봉에라도 친절하고 신속하게 교환해 주셔서 감사하라고 쓴다면 보는 분도 분명 마음이 편하지 않을까 한다.

- 그 밖에 나와 관계된 에이전시 사람들, 회사 교육 담당자 등.

- 내 학생들

- 내 학생들의 어머님들

- 내 가족과 관계된 사람들

친정엄마가 입원하셨던 병원 관계자들께 쓴 적이 있다. 엄마가 수술하셨는데 다행히 수술이 잘 되고, 또 간호사분들의 친절이 고마워서 작은 선물과 편지를 썼다.

- 온라인에서 만난 아기 엄마들

육아에 어려움이 있을 때 질문하면 매우 구체적으로 답변을 해주는 분들이 있다. 또 불필요한 육아용품을 교환할 때도 육아사이트는 매우 유용하다. 이때 알게 된 사람들에게도 감사카드를 보내는 것으로 좋은 인연을 맺게 되었다.

- 이 밖에 이웃들, 단골 커피숍, 세탁소, 미용실, 병원, 그리고 내가 근무했던 곳의 청소해주시는 분들

그렇게 나는 계속해서 감사편지를 쓰는 사람들의 범위가 자연스럽게 늘어났다. 내가 이런 분들께도 썼다고 하면 다들 놀란다. 하지만 일단 써보면 안다. 점점 눈에 그분들의 노고가 보이고, 진심으로 감사함을 느끼게 되어 나처럼 감사편지를 쓰게 될 것이라 확신한다.

- 나 자신

365번째 감사편지를 쓸 때 정말 고민을 많이 했다. 내겐 너무 큰 의

미가 있었기 때문이다. 여전히 써야 할 사람이 많고, 또 계속 늘어났기에 그 통수를 채우는 게 힘들었던 것은 아니다. 단지 원래 목표였던 365통의 마지막 편지를 의미 있게 쓰고 싶었다. 그동안의 과정이 떠오르기도 했고, 한 통 한 통 쓸 때는 몰랐지만 어느새 이렇게 변한 자신이 너무 감사하고 대견하기도 했다. 그래서 365번째라는 것이 의미가 컸다. 350통이 넘어가면서부터 고민을 많이 했는데, 어느 날 생각했다. 나 자신에게 매우 고맙다고.

희망도 없고, 절망과 우울함에 빠져 부정적으로 살던 모습에서 과감하게 벗어나 이렇게 감사편지를 꾸준히 써오고 있다는 것이 너무나 대견했다. 원래 주변의 평가와 반응에 일희일비했던 나였는데 주변 반응에 상관없이 꾸준히 써왔다는 것도 정말 놀랍고 신기했다. 대가 없이 쓰자고 생각했지만 정말로 그렇게 썼다는 사실이 너무나 대견했다. 그래서 나는 내게 감사와 축하의 편지를 쓰기로 했다.

그 편지 또한 미리 타이핑을 해보는데 나도 모르게 눈물이 주르르 흘렀다. 그간의 시간이 떠올라 벅차기도 했고, 감사의 눈물이기도 했다. 나는 그것을 편지지에 옮겨 우체국에서 우표를 붙여 직접 나에게 보냈다. 그것은 말로 설명하기는 힘든 벅차고 새로운 경험이었다.

그때 내게 썼던 편지를 공개하고자 한다.

유경이에게.

네가 감사편지를 정말로 365통 다 쓰게 된 너무나 뜻깊은 날

이야!!

먼저 정말 축하한다! 그리고 정말 대견하고, 기특하다고, 수고했다고 말해주고 싶다!

아직도 2014년 그 암담했던 시간이 종종 생각난다. 뭐가 그렇게 힘들었을까?

다들 그렇게 산다는데… 그런 게 사람 사는 거라는데… 왜 너는 그렇게 받아들이기 힘들어했을까? 매일 무기력하게 우울함 속에서 몸부림치던 네 모습이 문득문득 떠올라.

그런데 참 신기하게도 그렇게 힘들었던 그 시간 덕분에 너는 지금까지 살아왔던 방식과는 다른 방식으로 살자고, 지금 당장 할 수 있는 것부터 시작해보자고 굳게 결심할 수 있었지.

사실 너도 알잖아. 항상 주변에서 긍정적이다, 열정적이다, 이런 소리 듣고 살다 보니 너도 모르게 우쭐하고, 오만에 빠지기도 했었다는 걸. 네가 사는 방식이 제일 옳다고 착각하며 우물 안 개구리로 살았었지. 그 때문에 너는 바닥으로 한없이 내동댕이쳐졌고, 허둥댔지.

지금 생각하면 그 시간에 너무 감사해. 그 시간이 있었기에 그전에는 읽고 꽂아두었던, 〈365 Thank You〉라는 책을 읽고, 감사편지를 써보자고 결심하게 되었으니까. 아마 그렇게 힘든 시간이 없었다면, 혹시나 다시 그 책을 읽었더라도 네 삶에 만족하며 또 흘려보냈을지도 몰라.

감사편지가 네 인생을 바꿀 거라 생각했지만, 이렇게까지 바꿀지는 그 당시는 상상도 못했지.

그래도 참 대견해. 혹시나 안 바뀌면 어떡하지? 아무 효과가 없으면 어떡하지? 걱정할 수도 있었는데. 너는 그 민망함, 오글거림을 다 이겨내고 결국 해냈잖아!! 그것만으로도 너는 너무나 큰 능력을 갖추게 된 거야.

그리고 사람들에게 감사편지를 전파한다는 소명까지 찾았고, 너와 네 아이를 위한 완벽한 사업까지 시작하게 되었지. 무엇보다 자랑스러운 엄마가 되었어. 네가 정말 대견하고, 자랑스럽다. 물론 너는 이것을 시작으로 훨씬 더 많은 것을 이뤄가겠지.

지금까지 정말 잘했어, 유경아. 그리고 앞으로는 더 잘할 거야.

힘든 시간을 현명하게 잘 이겨낸 것뿐 아니라, 엄청난 도약을 한 것 너무나 축하해. 그리고 그날의 결단과 너의 실행력에 진심으로 감사해.

너와 네 가정뿐 아니라, 더 많은 사람에게 행복과 성장의 길을 보여주자고 결심하고 실행에 옮겨서 고맙다.

앞으로도 초심 잃지 말고, 너와 네 가족의 행복을 위해 일하지만, 남들도 이롭게 하며 더욱 성장하고, 그럼으로써 성공하기를 바란다. 항상 행복하길 진심으로 바라.

지금까지 해왔던 것처럼만 한다면 앞으로 더욱 잘될 거야.

다시 한 번 너의 365통 감사편지 1차 프로젝트 성공적으로 완수한 것 축하한다.

더 많은 이들을 이롭게 할 유경이에게 감사하며….

너를 가장 사랑하고 아끼는 유경이가.

언제 쓸 것인가?

내 가족과 친척, 주변 모든 사람을 비롯해 내가 도움을 받거나, 선물을 받거나 마땅히 감사해야 하는 모든 경우에 꼭 쓰려고 노력했다. 하지만 여전히 못 쓴 사람이 많다.

경조사, 명절뿐 아니라 우리 아이의 어린이집 친구들 생일이면 주인공 아이와 부모에게 꼭 편지를 썼다. 아이들이 건강하게 자라주는 것만으로도 진심으로 감사하기 때문이다. 그리고 모든 엄마가 아이를 키우느라 얼마나 많은 노력을 하는지 알기에 항상 같이 적는다. 나중에 우리 아이 생일 때 반 아이들 엄마 중 한 분이 그때 카드 정말 감동적이고 고마웠다고 메시지를 적어 보내주셨다. 굳이 많은 이야기를 적어야 할 필요도 없고, 부담 없이 감사를 전하기에 아주 좋다.

결혼이나 돌잔치 같은 경사에 초대받았을 때도 꼭 그 아이와 부모에게 감사카드를 쓴다. 특히 돌잔치의 경우 나를 초대해줘서 고맙고, 그 기쁜 순간에 함께할 수 있음에 감사하다고 적는다. 그리고 첫 돌을 맞은 아이에게 너로 인해 얼마나 많은 사람이 웃고, 행복해하고 감사하는지 꼭 적는다. 돌잔치 같은 경우 사람들에게 부담 주는 것 같아 미안해하는 경우가 있다. 나 또한 그랬다. 그런데 초대받은 사람이 진심으로 감사해하며 감사카드를 전해준다면, 초대한 사람도 자신들의 뜻깊은 날이 다른 이에게 부담을 주는 자리가 아닌 같이 축하하는 자리가 되었다는 사실에 행복해할 것이다.

그 밖에는 집들이에 초대받았을 때, 친구들이 집으로 초대했을 때, 오랜 친구들과 만났을 때도 감사편지를 쓰기 좋다.

무슨 내용을 어떻게 써야 할까? 1

내가 썼던 내용은 크게 과거에 대한 감사와 미리 감사하는 편지 2종류로 나눠볼 수 있다.

감사편지 내용은 감사한 마음을 전달할 수 있는 것이면 어떤 것이든 가능하다고 생각한다. 실제 일어났던 일에 대한 감사뿐 아니라 미리 하는 감사도 가능하다.

처음엔 받았던 도움이라던가 선물, 오래된 인연 등 과거에 대한 것에 감사편지를 썼었다. 하지만 어느 순간부턴가 미리 감사편지도 쓰게 되었다.

미리 쓰는 감사편지는 강의나 강연 등을 들으러 가기 전에 강사님께 감사하는 마음을 전달하기 위해 쓰면서 시작됐다. 편지를 써가면 더 열린 마음으로 강의를 듣고, 조언도 많이 들을 수 있었다. 나중에 따로 보내려면 주소를 알아야 하는데 주소를 아는 것이 번거롭고 힘들 수 있으니 아예 써가서 바로 드렸고, 혹시나 주고 싶은 마음이 안 들면 안 주면 되었다. 괜히 힘들게 써갔다가 안 주면 시간이 아깝지 않으냐고 생각할 수 있다. 내 경험상 미리 감사편지를 써가서 실망한 적은 없다. 내가 일단 열린 마음으로 가기 때문에 메시지 하나만 건져도 그건 감사한 일이다. 책을 읽을 때에도 마찬가지다. 내가 적용할 것 하나만 있어도 그 책의 가치는 충분하다. 그런 마음으로 책을 읽고, 강의를 들으면 백 퍼센트 내 것으로 만들자고자 했을 때보다 부담도 없고, 실제로 적용하는 것도 많아진다.

무슨 내용을 어떻게 써야 할까? 2

가장 중요한 것은 진심이 담겨야 하고, 왜 감사한지 구체적인 이유, 어떤 상황에서 내가 감사함을 느꼈는지를 보여주면 된다. 이 정도 내용만 들어가면 4~5줄은 된다. 정해져 있는 규칙이나 방법은 없다. 자신이 끌리는 대로 하면 된다.

하지만 하나 강조하고 싶은 원칙이 있다. 미리 타이핑 해본다든가, 노트에 어떤 내용으로 쓸 것인지 정리하고 옮겨 적으라는 것이다. 이것은 〈365 Thank You〉의 저자도 강조했던 것이다. 예쁜 편지지나 카드를 사놓고 '쓰다가 망치면 어떡하지'라는 걱정도 덜 수 있다. 미리 내용을 정리하면, 일단 이건 연습용이라는 생각 때문에 뭐라도 한 자 쓰기가 더 편하다. 확실히 마음에 부담이 덜하다. 일단 한 글자, 한 문장을 써보면 자신도 모르게 술술 이어 써지는 경우가 많다. 일단 시작해보지 않으면 모른다. 그런데 다들 그렇게 '일단 시작하는 것'에 많은 어려움을 느낀다. 그래서 연습장이든, 아니면 컴퓨터든, 핸드폰 메모앱이든 어디에든 생각나는 것들을 적어보는 것이다.

감사편지를 쓰다 보면, 나중에는 그렇게 연습하지 않아도 줄줄 써지는 순간이 있다. 그리고 자신만의 틀을 만들어놓는다면, 앞으로 쓰는 편지에도 참고해서 쓸 수 있고, 시간도 절약하고 깔끔하게 요점을 잘 전달할 수 있어 효과적일 것이다.

내가 아주 간단하게 쓸 때의 대략적인 틀을 소개하자면 다음과 같다.

● 누구에게 쓸지를 정한다.

분명 시작할 때 호칭에서 막히는 경우가 있을 것이다. 나는 일단 그때그때 가장 먼저 떠오르는 호칭을 썼다. 사람과의 관계를 생각해보면 사실 그리 어려울 것이 없다. 친구 사이라면 '~에게'로 시작하고, 조금은 형식을 따져야 하는 관계라면 '~씨께, ~님께' 또는 '씨', '~님!', 직장 상사라면 직급을 붙이면 무난할 것이다. 더 애착이 가는 상대라면, 사랑하는, 존경하는 등의 수식어를 앞에 붙여도 좋다. 가까운 사람이라면 별명을, 온라인에서 알게 된 사람이라면 닉네임을 같이 쓸 수도 있다. 가장 좋은 건 그 사람을 떠올리면서 가장 먼저 생각나는 호칭으로 적어보는 것이다.

또 혹시나 범위가 넓어져 이웃을 넘어 택배기사님, 택시 기사님들, 단골 커피숍, 병원 직원 등 다양하게 쓰게 되면 그분들의 직책을 쓰거나 평소 사람들이 부르는 호칭으로 쓰면 된다. 나 같은 경우 단골커피숍에 쓸 때 그분의 이름을 알아내기 위해 이름이 불릴 때까지 기다린 적도 있지만, '~ 직원분께'라고 시작하거나 '~매니저님께'라고 쓰기도 했다. 또 '택배 기사님께', '택시 기사님께' 이런 식으로 이름을 알 수 없는 경우 평소 우리가 부르는 호칭을 썼다.

호칭 때문에 고민이 된다면 미리 내용을 적는 것이 더욱 도움이 되는데, 일단 생각나는 대로 호칭부터 적고 그다음에 내용을 이어 적고 처음부터 읽어보면서 그 호칭 말고 다른 좋은 호칭이 떠오른다면 그것을 쓰면 된다. 호칭조차 못 쓰겠다고 하지 말자.

그리고 어떤 호칭을 써도 정 어색하다면, "~라고 적었는데 왠지 어색하네요. 쑥스럽네요. 평소에 ~라고 부르는데 이렇게 막상 글로 적으려고 하니 어떻게 호칭을 해야 할지 몰라 ~라고 했습니다." 정도의 말을 붙이면 된다. 나도 실제로 그런 적이 여러 번 있다. 오히려 그런 식으로 솔직하게 쑥스럽다고 적기 시작하면 그 뒤에 이어서 생각보다 많은 내용을 적을 수 있다.

● 왜 쓰는지 꼭 밝히자.

당신에게 어떤 도움을 받았다. 조언을 받았다. 선물을 받았다. 어떤 것이든 될 수 있을 것이다. 감사편지를 쓰게 된 계기에 대해 사실대로 쓰면 된다. 그때 느꼈던 감정이나 '당신의 도움이나 친절, 선물 등에서 이런이런 점들을 배웠다고'까지 쓰면 더욱 좋을 것이다. 단지 고맙다고만 말하는 것보다 상대방의 이런 점들로 내가 느낀 교훈까지 적는다면 그 편지를 받는 사람은 자신이 누군가에게 좋은 영향을 끼쳤다는 생각에 더욱 자부심을 느낄 것이다.

"그래서 꼭 이렇게 감사편지로 제가 그때 받았던 감사한 마음을 전하고 싶었습니다."

이 정도로만 써도 감사카드는 아주 쉽게 채울 수 있다.

● 자신만의 원칙을 세우자.

자신만의 원칙을 세우는 것이 좋다. 처음부터 원칙을 세워도 좋고, 여러 가지 방법으로 써보다가 자신만의 원칙을 세우는 것도 좋다. 어느 쪽이든 기준이 있으면 당연히 쓰기가 더 편해진다. 예를 들면 내가 세운 원칙은 '감사한 일을 겪었으면 당사자에게 최대한 빨리 보내자.'는 것이다. '최대한 빨리'라면 어느 정도인지 일주일, 24시간, 48시간 이런 식으로 구체적인 시기를 정하는 것이다.

재클린 케네디 오나시스는 24시간 안에 감사함을 편지로 전달한다는 원칙이 있었다고 한다. 재클린 케네디뿐 아니라 성공한 사람 중에 감사편지를 잘 쓰는 사람들이 꽤 많다. 나는 처음 시작했을 때 감사편지를 보내야겠다고 생각 드는 사람들의 명단을 작성하여, 틈날 때마다 써서 보냈다. 보내고 나면 명단에서 지웠는데 뜻밖에 이름을 하나씩 지워가는 것도 성취감이 있고 재미있다. 무엇보다 일단 시작하면 중간중간 계속해서 감사편지 쓸 사람이 늘어난다. 그리고 한 번 썼지만, 또 써야 하는 경우도 많다. 그러니 처음부터 365명을 다 쓸 생각을 하거나, 언제 365통을 쓰지 라는 생각은 하지 말자.

또 하나 추천하고 싶은 것은, 편지를 쓰면서 어떤 변화가 일어나는지 확인하고 싶다면, 언제 무슨 이유로 감사편지를 썼는지 기록을 해놓는 것도 중요하다. 얼마 동안 몇 통의 감사편지를 쓰는지 종종 확인해보는 것도 의외의 성취감을 준다. 나도 이런 이유로 기록하기 시작하다가 어느새 메모하는 것이 습관이 되었다.

통수가 늘어날 때마다 자연히 쓰는 사람들의 범위도 늘어나고 경우도 늘어난다. 그러면서 생각지도 못한 경험들을 하고, 변화를 겪게 된다. 그러니 일단 시작하는 것이 중요하다.

편지를 어떻게 전달할까?

전달하는 방법은 크게 5가지 경우로 나눌 수 있다.

❶ 편지지에 우표를 붙여서 보내기.

우편으로 보내도 되지만, 나 같은 경우 우편함을 전혀 확인하지 않는 스타일이라서 보통 만나서 주었다. 아니면 택배를 보내면서 편지를 넣어 보냈다. 선물이 부담되면 우편으로 보내도 된다. 단지 나처럼 우편함을 확인 안 하는 사람도 있을 테니 그 사람에게 편지 보냈다는 걸 문자나 전화로 알릴 필요가 있다.

❷ 등기로 보내기.

우표만 붙여 보내는 것이 걱정되기도 하고, 나름 상대방에게 서프라이즈로 편지를 보내고 싶을 때가 있다. 등기는 택배처럼 취급되어 우체부 아저씨들이 찾아가라고 꼭 연락을 주시기도 하고, 부재 시 경비실에 맡기면 그곳에서 잘 맡아주니 우편함에 꽂아놓고 분실될 염려는 없다. 택배는 부담되고, 편지는 걱정된다면 등기봉투 안에 예쁜 편지와 봉투를 넣어서 등기로 보내는 것도 한 방법이다.

❸ 선물과 함께 보내는 경우는 택배가 좋다.

내가 가장 애용한 방법의 하나다. 친구들 아기 돌잔치에 못 가거나, 친구가 아기를 낳거나, 아니면 누군가에게 선물할 일이 생기면 선물만 보내지 않고 꼭 감사편지를 함께 넣어 보냈다. 선물만 받아도 감사한 일인데 그 안에 감사편지까지 들어 있는 것을 보면 다들 너무나 기뻐했다. 선물보고 기뻐하고 편지에 또 한 번 감동했다는 얘길 많이 들었다. 어차피 줘야 할 선물이라면 감사편지를 쓰면서 더욱 기분 좋게 보내보자. 감사한 일이 생기면 요즘은 휴대전화기로 기프티콘을 많이 선물한다. 상품권이나 온갖 종류의 선물을 다 할 수 있으니 쉽고 간편해서 나도 애용하지만, 그래도 한 번씩은 직접 포장해서 편지를 써서 보내보자. 보내는 사람도, 받는 사람도 기분이 좋다.

❹ 직접 만나서 주기.

내가 가장 애용한 방법이다. 나중에 책을 읽으면서 알게 된 것인데 행복해지는 방법으로 많은 책이 감사편지를 직접 전하는 방법을 권하고 있었다. 감사편지를 쓰는 자체로도 충분히 행복지수가 높아지지만 직접 얼굴을 보고 전하는 것이 받는 사람, 주는 사람 모두의 행복지수를 높이고 오래간다. 내 경험상 얼굴을 직접 보고 전하는 것은 조금 용기가 필요하기도 하다. 평소에 안 하던 행동을 하려면 아무래도 민망한 생각이 들기 때문이다. 하지만 그것을 이겨내면 의외의 성취감이 밀려온다. 그렇게 자신도 모르는 사이에 성취감도 쌓는 효과도 있다.

❺ 누군가를 통해서 전달하기.

친구 남편들에게 편지를 전할 때 썼던 방법이다. 친구에게 이런 이유 때문에 "내가 고마워서 몇 자 적었어."라고 전해달라고 했었다. 그럴 때 편지만 주면 정말 이상하니까 작은 선물이랑 같이 전해주었다. 앞서 말했듯 대단한 선물이 아니다. 더치커피 정도다. 좋아하는 것을 안다면 좋겠지만 그렇지 않을 때는 무난하게 초콜릿 같은 것도 좋다.

어떻게 감사편지를 꾸준히 쓸 수 있을까?

감사일기처럼 감사편지 또한 매일 감사한 사람들에게 한 통씩 쓰는 것이 당연히 가장 좋다. 하지만 실제로 해보니 정말 힘들었다. 일상이 바쁘고, 또 매일같이 감사한 사람이 없을 수도 있다. 하지만 반대로 명절이나 경조사 시즌이 오면 몰아서 써야 하는 경우도 많아서 매일

한 통씩을 지키기란 사실 힘들다. 나도 무엇을 조금씩 꾸준히 하는 스타일이 아니어서 매일 한 통씩은 정말 지키기 힘들었다.

그래서 나는 평소에 감사한 일을 즉시 꼭 전해야 할 때에는 최대한 빨리 썼지만, 그렇지 않을 때는 하루 날을 정해서 몇 통을 몰아 쓰기도 했다. 그리고 명절이 다가오면 더더욱 그렇게 하루 정해놓고 몰아서 썼다.

이렇게 한 번씩 몰아서 쓰는 과정에서 의외의 좋은 점을 발견했는데 쓸수록 시간이 단축된다는 것이다. 다른 사람에게 다른 내용으로 써도 틀이 비슷해서 그렇게 오래 걸리지 않는다. 매일 한 통씩 쓰는 것이 가장 완벽하다. 하지만 안 되면 이렇게 감사편지 쓰는 날을 정해서 쓰는 것도 가능하다. 그래서 마음의 부담이 훨씬 덜하다.

또 매일 한 통씩이 아니라, 일주일에 몇 통, 한 달에 몇 통 목표를 정해놓고 틈틈이 쓰는 것도 가능하다. 블로그에 감사편지에 대한 내 경험과 생각을 하나씩 올리고 있는데, 점점 많은 분이 자신도 써보겠다고 하시며 일단 일주일에 한 통씩 감사편지를 시작하겠다고 하신다.

모든 사람이 나처럼 15개월 안에 365통을 다 채워야 하는 것은 아니다. 나는 정말 절박했고, 그것으로 내 인생을 변화시키고 싶었기에 그렇게 했다. 하지만 보통은 일주일에 한 통씩만 써도 지금보다 훨씬 풍요로운 삶을 살 것이다. 하지만 진심으로 내 인생을 짧은 기간 안에 더 멋지게 바꾸고 싶다는 간절한 마음을 가진 사람이라면, 15개월이

나 일정 기간을 정해놓고 365통을 다 써보기를 권한다. 정말 기적과 같은 일들을 경험하리라 확신한다.

　꼭 편지지에 쓰지 않아도 되고, 굳이 길게 쓰지 않아도 되니 감사편지는 언제, 어디서든 가능하다. 간단한 쪽지나 카드로도 충분하다고 여러 번 강조했다. 그러니 일단 감사한 사람들의 목록을 휴대폰에 메모하고 이유를 적고, 당장 쓰자! 그러면 분명 당신의 삶은 지금보다 훨씬 나아진다!

북큐레이션 • 감사의 힘으로 성공과 행복 두 마리 토끼를 잡도록 도와줄 라온북의 책

대한민국은 '헬조선'? 감사하는 힘만 있다면 어디서든 행복과 성공은 당신의 겟! 감사편지로 인생을 바꾼 사람들에게서 '왜 감사편지를 써야 하는가'를, 실행의 대가에게서 '즉시, 될 때까지 감사편지를 쓰게 해줄 '미친 실행력'을 배워보세요!

벼랑 끝에서
감사일기만으로
매출 2배 올린
사업가!

벼랑 끝에 혼자 서라

안경지 지음 | 13,800원

이것이 진짜 인생이다! 이것이 진짜 장사다!
14살 봉제공장 여공이 연 매출 20억 사장이 되기까지.
절박함 하나로 이룬 테이블 16개 30평 작은 가게의 기적!
"미쳐라, 그러면 길이 열리고 방법이 보인다!"

책 제목처럼 '벼랑 끝에서 새 삶을 시작한' 안경지 대표는 전기도 들어오지 않는 산골에서 어린 시절을 보냈다. 14살 때 공장 여공으로 사회생활을 시작한 저자는 남들보다 20년 뒤진 삶을 살았다고 회고한다. 그러나 시련을 발판 삼고 아픔을 거름 삼아 인생의 목표를 하나씩 이루어갔다. 그리고 20년이 지난 지금, 연 매출 20억 원을 가뿐히 넘기는 여주 최고 음식점을 운영하게 됐다.

온갖 시련에도 오뚝이처럼 일어나는 저자의 모습은 스스로 '3포 세대'라 말하며 제대로 시도하지도 않고 지레 포기하는 많은 청춘에게 큰 시사점을 준다. 지금 당신이 처한 삶이 힘들다면, 그녀의 이야기를 들어보라. 다시 일어서 달릴 수 있는 희망이 생길 것이다..

좌절과 절망에서
감사일기로
삶을 되찾은
사업가!

꿈이 나를 살게 한다

남상효 지음 | 13,800원

전 재산 450원 노숙자가 연 매출 20억 사업가가 되기까지
인생의 바닥에서 뛰어오른 한 남자의 '꿈꾸는 대로 살 용기'!

'시한부 선고를 받은 불치병 어머니를 업고 병원을 전전하던 23살 청년, 500원으로 근근이 하루를 나던 노숙자, 세상을 등지려 약국을 전전하며 약을 모으던 반죽음 상태의 실패자'에서 '대한민국 최초 중국 정부 공식 승인을 통해 한중 합작영화 제작, 리조트형 고급 펜션 운영 전문가, 동남아로 수출되는 테이크아웃 스낵바 기획 및 개발자, 한류 문화콘텐츠 플랫폼 제작자'로 변신한 남상효 저자. 끝이 보이지 않는 깊은 암흑의 터널을 지나 인생의 바닥을 기고 있던 그를 지금의 자리로 이끈 힘은 단 하나, '꿈을 향한 열망'이었다. 이 책에는 꿈 하나로 살아낸 저자의 처절한 삶의 기록이 담겨 있다.

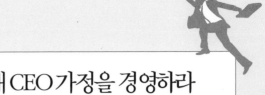

아내 CEO 가정을 경영하라

최미영 지음 | 12,800원

감사일기로 남편을 50억 매출 사업가로 만든 아내CEO!

무일푼 남편을 50억 자산가로 만든 대한민국 1호 아내 CEO, 가정의 운명을 바꾸는 아내 리더십을 말하다!

불행한 어린 시절, 가난한 20대와 신혼 생활을 건너 50억 자산가 남편을 만든 저자 최미영은 지금은 '가정을 경영하는 아내 CEO'라는 타이틀을 찾았지만 그동안 자신의 역할이 무엇인지, 단지 남편과 아이들의 뒤치다꺼리나 하며 그 그늘에 평생 가려 자신의 목소리를 내지 못하는 것은 아닌지 고민하며 살았다. 그러나 세상에 없는 모델을 찾아가며 힘겹게 자신의 길을 개척했다.

이 세상에서 경영, 회계, 실무, 교육까지 모두 담당하는 유일한 사람이 한 가정의 아내다. 그런 아내가 선장이 되어 키를 어느 방향으로 돌리느냐에 따라 가족 구성원이 사회에서 제 역할을 하느냐 그렇지 못하느냐가 결정된다. 이 책은 세상 모든 아내들이 가정을 매니지먼트하는 아내 CEO가 되어서 당당한 목소리를 찾을 수 있도록 돕는다.

미친 실행력

박성진 지음 | 13,800원

즉시, 될 때까지 감사일기를 쓰게 해줄 실행의 대가!

지방대 출신, 공모전 기록 전무, 토익점수 0점의 저질 스펙 소유자!
미친 실행 하나로 국내 최고 유통 기업의 TOP이 되다!

"꿈과 열정을 가지세요! 생각하는 것만으로도 꿈을 이룰 수 있습니다."
자기계발서에 나오는 단골 멘트다. 저자는 이 말에 동의하지 않는다. 꿈과 열정을 가지고 생각하고 다짐만 한다면 절대 원하는 결과물을 얻을 수 없다. 아무리 뜨거운 열정과 큰 꿈을 가지고 있더라도 실행하지 않으면 아무짝에도 쓸모없는 것이 된다.

당신은 꿈꾸기 위해 태어났는가, 이루기 위해 태어났는가? 아무리 생생하게 꿈꿔도 소용없다. 그것을 실행시키는 사람만이 승자가 된다. 오늘 하지 못한 일은 평생 실행하지 못한다. 저자는 '언제 할까?' 고민하지 않고, '지금 당장' 움직이는 미친 실행력으로 인생을 180도 바꿨다. 인생을 바꾸고 싶다면, '지금 즉시, 될 때까지, 미친 듯이' 실행하라!